板書で見る 算数

全単元・全時間の授業のすべて

小学校 **3**年 上

田中博史 監修
夏坂哲志 著
筑波大学附属小学校算数部 企画・編集

東洋館
出版社

算数好きを増やしたいと願う教師のために
―プロの授業人集団の叡智を結集した『板書で見る全単元・全時間の授業のすべて』―

　本書は『板書で見る全単元・全時間の授業のすべて』のシリーズの第3期になります。

　このシリーズは読者の先生方の厚い支持をいただき累計100万部となる，教育書としてはベストセラーと言えるシリーズとなりました。読者の皆様にあらためて感謝申し上げます。その後，本シリーズのヒットをきっかけに類似の本がたくさん世に出版されましたが，この算数の板書の本は今のブームの先駆けとなった文字通り元祖と言える書だと自負しています。

　板書という言葉は，教育の世界特有の言葉です。文字通り授業で教師が黒板に書くという行為をさしているのですが，日本の初等教育においては，一枚の板書に45分の授業展開を構造的におさめることで，児童の理解を助けることを意識して行っています。

　小学校の先生の間では当たり前になっているこの板書の技術が，実は諸外国の授業においては当たり前ではありません。いや日本においても中等教育以上ではやや価値観が異なる方も見かけます。内容が多いので仕方がないことも理解していますが，黒板に入りきらなくなったら前半の内容を簡単に消してしまったり，思いついたことをそのままただ空いているところに書き加えていったり……。

　これでは，少し目を離しただけでついていけなくなる子どもが出てきてしまいます。子どもの発達段階を考えると小学校では，意識的な板書の計画の役割は大きいと考えます。

　また教師にとっても，45分の展開を板書を用いて計画をたて準備することは，具体的なイメージがわきやすいためよい方法だと考えます。昔から達人と言われる諸先輩方はみんな取り入れていました。その代表が故坪田耕三先生（前青山学院大学，元筑波大学附属小学校副校長）だったと思います。坪田氏の板書は芸術的でさえありました。その後，若い先生たちはこぞって坪田先生の板書を真似し，子どもの言葉を吹き出しを用いて書きこんだり，中心課題をあえて黒板の真ん中に書くなどの方法も取り入れられていきました。

　単なる知識や技能の習得のための板書だけではなく，新学習指導要領の視点として強調されている数学的な見方・考え方の育成の視点から板書をつくることも意識していくことが大切です。すると活動の中でのめあての変化や，それに対する見方・考え方の変化，さらには友達との考え方の比較なども行いやすいように板書していくことも心掛けることが必要になります。子どもたちの理解を助ける板書の文化は，本来は中等教育以上でも，さらには今後は，諸外国においても大切にしていくことが求められるようになると考えます。本書がそうした広がりにも一翼を担うことができれば素晴らしいと考えます。

　本シリーズの第一作目は，この板書を明日の授業設計にも役立てようという趣旨で2003年に東洋館出版社から発刊されました。事の始まりは田中博史と柳瀬泰（玉川大学，元東京都算数

教育研究会会長），髙橋昭彦（米国デュポール大学，元東京学芸大学附属世田谷小学校）の三人で1996年に始めたビジュアル授業プランのデータベース化計画に遡ります。当時から日本の板書の文化，技術を授業づくりの大切な要素として考え，これを用いた「明日の授業づくりの計画」に役立てていくことを考えていたわけです。互いの板書を共有化すること，それを文字や表組という分かりにくい指導案の形式ではなく，ビジュアルな板書という形式で保存をしていくことを考えたのです。残念ながら当時は一部分のみで完成にはいたりませんでしたが，時を経て，2003年の東洋館出版社の本シリーズの第一作目では1年から6年までの算数の全単元，全時間のすべてを全国の力のある実践家にお願いしておさめることに成功しました。全単元，全時間のすべてを板書を軸にしておさめることに取り組んだ書籍は，当時は他になかったと記憶しています。

　今回のシリーズも執筆者集団には，文字通り算数授業の達人と言われる面々を揃えました。子どもの姿を通して検証された本物の実践がここに結集されていると思います。

　特に，上巻では筑波大学附属小学校の算数部の面々が単著として担当した書もあります。2年は山本良和氏，3年は夏坂哲志氏，4年は大野桂氏，5年は盛山隆雄氏が一冊すべてを執筆しました。さらに6年は関西算数教育界の第一人者である尾﨑正彦氏（関西大学初等部）が書き上げています。他に類を見ない質の高さが実現できました。

　1年は，下巻で予定している共著の見本となることを意識し，筑波大学附属小学校の中田寿幸氏，森本隆史氏，さらに永田美奈子氏（雙葉小学校），小松信哉氏（福島大学）に分担執筆をしていただきました。総合企画監修は田中がさせていただいております。

　本シリーズの下巻は，この上巻の1年の書のように全国算数授業研究会や各地域の研究団体で活躍している，力のある授業人の叡智を結集したシリーズとなっています。

　さらに今回，各巻には具体的な授業のイメージをより実感できるように，実際の授業シーンを板書に焦点を当て編集した授業映像DVDも付け加えました。

　明日の算数授業で，算数好きを増やすことに必ず役立つシリーズとなったと自負しています。

　最後になりましたが，本シリーズの企画の段階から東洋館出版社の畑中潤氏，石川夏樹氏には大変お世話になりました。この場を借りて厚くお礼を申し上げる次第です。

令和2年2月

板書シリーズ算数　総合企画監修

「授業・人」塾　代表　田中　博史

前筑波大学附属小学校副校長・前全国算数授業研究会会長

板書で見る
全単元・全時間の授業のすべて
算数 3年上

目　次

板書で見る全単元・全時間の授業のすべて
算数 小学校 3 年上
目次

算数好きを増やしたいと願う教師のために ……………………………… 001
本書活用のポイント ……………………………………………………… 008
本書の単元配列 …………………………………………………………… 010

I 第 3 学年の授業づくりのポイント ……………… 011

II 第 3 学年の算数 全単元・全時間の板書 ……………… 019

1 かけ算 9 時間

単元の目標・評価規準・指導計画 ……………………………………… 020
単元の基礎・基本と見方・考え方 ……………………………………… 021
第 1 時 九九表の中にいくつあるのかな？ ………………………… 022
第 2 時 隠した数の合計はいくつかな？ …………………………… 024
第 3 時 どんなヒントがいいかな？ ………………………………… 026
第 4 時 11の段をつくろう！ ………………………………………… 028
第 5 時 アワ・アワ・サワーで運だめし！ ………………………… 030
第 6 時 おはじきゲームをしよう！ ………………………………… 032
第 7 時 １つの式にできるかな？ …………………………………… 034
第 8 時 ○はいくつあるのかな？ …………………………………… 036
第 9 時 かけ算九九で模様をつくろう！ …………………………… 038
資料 1 かけ算九九表をつくろう …………………………………… 040
資料 2 おはじきゲームをしよう …………………………………… 041
資料 3 ○はいくつあるかな …………………………………………… 042
資料 4 かけ算九九でもようをつくろう …………………………… 043

2 時こくと時間 4 時間

単元の目標・評価規準・指導計画 ……………………………………… 044
単元の基礎・基本と見方・考え方 ……………………………………… 045
第 1 時 到着したのは何時何分かな？ ……………………………… 046
第 2 時 出発したのは何時何分かな？ ……………………………… 048
第 3 時 何分たったかな？ …………………………………………… 050
第 4 時 短い時間を計ろう！ ………………………………………… 052

3　わり算　10時間

単元の目標・評価規準・指導計画 ……………………………………………… 054
単元の基礎・基本と見方・考え方 ……………………………………………… 055
第1時　どのように分けられているのかな？ ………………………………… 056
第2時　どのように分けたのかな？ …………………………………………… 058
第3時　何人に配れるかな？ …………………………………………………… 060
第4時　長縄は何本できるかな？ ……………………………………………… 062
第5時　わり算の絵本をつくろう！ …………………………………………… 064
第6時　どちらの仲間かな？ …………………………………………………… 066
第7時　どんな答えになるのかな？ …………………………………………… 068
第8時　どちらも2倍になっているよ ………………………………………… 070
第9時　30枚の色紙を分けよう！ ……………………………………………… 072
第10時　どのように分けるのかな？　授業 DVD ……………………………… 074

4　たし算とひき算の筆算　8時間

単元の目標・評価規準・指導計画 ……………………………………………… 076
単元の基礎・基本と見方・考え方 ……………………………………………… 077
第1時　何ダルになったかな？ ………………………………………………… 078
第2時　計算の仕方を説明しよう！ …………………………………………… 080
第3時　どの計算が簡単そうかな？ …………………………………………… 082
第4時　ダルカードで筆算の仕方を説明しよう ……………………………… 084
第5時　答えを大きくできるかな？ …………………………………………… 086
第6時　答えが一番小さくなる筆算をつくろう！ …………………………… 088
第7時　筆算を完成させよう！ ………………………………………………… 090
第8時　5000に近くな～れ！ …………………………………………………… 092

5　長さ　6時間

単元の目標・評価規準・指導計画 ……………………………………………… 094
単元の基礎・基本と見方・考え方 ……………………………………………… 095
第1時　教室の縦と横の長さを比べよう ……………………………………… 096

第2時	巻き尺でものの長さを測ろう！	098
第3時	10mは何歩分かな？	100
第4時	歩数で道のりを考えよう	102
第5時	学校のまわりの道のりを測ろう	104
第6時	どちらの道が近いかな？	106

6　あまりのあるわり算　7時間

単元の目標・評価規準・指導計画		108
単元の基礎・基本と見方・考え方		109
第1時	ぴったり分けられない！	110
第2時	23÷4の答えの求め方を考えよう	112
第3時	16÷3の計算の仕方を考えよう	114
第4時	□÷4を考えよう	116
第5時	長いすは何脚必要かな？	118
第6時	図鑑を何冊立てられるかな？	120
第7時	48÷4の答えの求め方を考えよう	122

7　大きな数　8時間

単元の目標・評価規準・指導計画		124
単元の基礎・基本と見方・考え方		125
第1時	紙は全部で何枚かな？	126
第2時	千万の位までを使ってゲームをしよう！	128
第3時	「大きい方の勝ち」ゲームをしよう！①	130
第4時	「大きい方の勝ち」ゲームをしよう！②	132
第5時	数直線と不等号で表そう	134
第6時	いくつを指しているかな？	136
第7時	500万に近い数の勝ち！	138
第8時	23を10個足すと？	140

8	かけ算の筆算	9 時間	
	単元の目標・評価規準・指導計画		142
	単元の基礎・基本と見方・考え方		143
第1時	鉛筆の代金の求め方を考えよう		144
第2時	ケーキの代金の求め方を考えよう		146
第3時	2桁×1桁の筆算の仕方を覚えよう		148
第4時	4クラスの合計人数を求めよう		150
第5時	1□×□の答えを比べてみよう		152
第6時	走った道のりを比べよう		154
第7時	かけ算の筆算の仕方を確かめよう		156
第8時	答えが最大になる筆算をつくろう		158
第9時	計算する順序を考えよう		160

9	円と球	8 時間	
	単元の目標・評価規準・指導計画		162
	単元の基礎・基本と見方・考え方		163
第1時	公平な位置を決めよう		164
第2時	きれいな丸をかこう		166
第3時	どんな絵ができるかな？		168
第4時	コンパスを使って模様をかこう		170
第5時	紙を切って円をつくろう		172
第6時	宝物のある場所を見つけよう		174
第7時	球について調べよう		176
第8時	円をつないだ模様をかこう		178
資料1	何ができるかな？①		180
資料2	何ができるかな？②		181
資料3	たからの地図		182
資料4	かけたおさら		183

監修者・著者紹介 ………………………………………………………………………… 187

本書活用のポイント

　本書は読者の先生方が，日々の授業を行うときに，そのまま開いて教卓の上に置いて使えるように
と考えて作成されたものです。1年間の算数授業の全単元・全時間の授業について，板書のイメージ
を中心に，展開例などを見開きで構成しています。各項目における活用のポイントは次のとおりです。

題　名

　本時で行う内容を分かりやすく紹介
しています。

目　標

　本時の目標を端的に記述しています。

本時の板書例

　45分の授業の流れが一目で分かる
ように構成されています。単なる知識
や技能の習得のためだけではなく，数
学的な見方・考え方の育成の視点から
つくられており，活動の中でのめあて
の変化や，それに対する見方・考え方
の変化，さらには友達との考え方の比
較なども書かれています。

　また，吹き出しは本時の数学的な見
方・考え方につながる子どもの言葉と
なっており，これをもとに授業を展開
していくと効果的です。

授業の流れ

　授業をどのように展開していくのか
を，4～5コマに分けて紹介していま
す。

　学習活動のステップとなるメインの
吹き出しは，子どもが主体的になった
り，数学的な見方・考え方を引き出す
ための発問，または子どもの言葉と
なっており，その下に各留意点や手立
てを記述しています。

　青字のところは，授業をうまく展開
するためのポイントとなっています。
予想される子どもの発言例は，イラス
トにして掲載しています。

本時案　授業DVD

どのように
分けるのかな？

10/10

本時の目標
・48を2で割る計算の仕方について考える。
・12枚ずつ4つの袋に分かれていることを利
　用した計算の仕方を見いだすことができる。

授業の流れ

1　1袋に何枚入っているのかな？

全部の袋に同じ枚数ずつ
入っているの？

全部12枚ずつ
入っています

条件不足の問題である。答えを求めるために
必要な条件について，子どもと受け答えをしな
がら問題場面を整理し，絵でも表す。
次の2つの質問が子どもたちから出ること
を期待したい。
① 1袋に何枚入っているか？
② 全部同じ枚数か？

2　よしこさんはどのように考えたの
かな？

12×4＝48は，
クッキーの全部の枚数を求めているね

48枚を2人で分けるから，
48÷2を計算したんだね

袋の中身を1つの大きな器に入れて，それ
を4人で等分するというイメージである。

3　ゆうたさんやたかおさんは，
どんなふうに考えたのかな？

ゆうたさんの4÷2は，「4つの袋を2人で
分けた」という式だね

たかおさんの12÷2は，「1
つの袋に入っている12枚を
2人で分けた」という式だ

式を図や言葉などと対応させながら，考え方
を確認していくようにする。

○月△日

はるこさんと，なつみさんは，
2人でパーティーを開きます。
クッキーを4ふくろ用意しました。
クッキーを同じ数ずつ分けると，
1人何まいずつもらえるでしょうか。

○知りたいこと
①1ふくろにクッキーは何まい入って
　いるの？→12まいずつ
②全部のふくろに同じまい数ずつ入っ
　ているの？→全部同じ

4つの袋に分かれているという場
面設定により，新たな発想が生ま
れることが期待できる。

どのように分けるのかな？
074

実際の板書

1 かけ算

2 時こくと時間

3 わり算

4 たし算とひき算の筆算

5 長さ

6 あまりのあるわり算

7 大きな数

8 かけ算の筆算

9 円と球

本時の評価

・48÷2 の計算の仕方を考えることができたか。
・総数を求めてから計算する考え方と，袋に入ったままで等分する考え方の違いを理解することができたか。

準備物

・おはじきが12個入った封筒を4袋

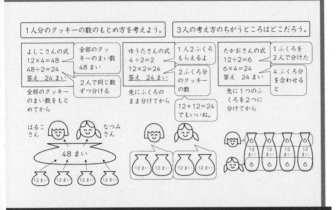

1人分のクッキーの数のまとめ方を考えよう。

3人の考え方のちがうところはどこだろう。

よしこさんの式
12×4＝48
48÷2＝24
答え 24まい

全部のクッキーのまい数
48まい

2人で同じ数ずつ分ける

全部のクッキーのまい数をもとめてから

ゆうたさんの式
4÷2＝2
12×2＝24
答え 24まい

先にふくろのまま分けてから

1人2ふくろもらえるよ

2ふくろ分のクッキーの数

12＋12＝24でもいいね。

たかおさんの式
12÷2＝6
6×4＝24
答え 24まい

先に1つのふくろを2つに分けてから

1ふくろを2人で分けた

4ふくろ分を合わせると

はるこさん　なつみさん

48まい

12まい 12まい 12まい 12まい

4 3人の考え方の違うところはどこかな？

ゆうたさんは，クッキーを袋から出さずに，袋のまま分けているね

たかおさんは，1つの袋の中身を2人で分けてから，4袋分を合わせているね

3人の考え方との違いを確認し，言葉で板書に残しておくようにする。

まとめ

48÷2 の答えを求めるときに，48を40と8に分け，それぞれを2で割る計算の仕方は既習である。本時は，問題場面を限定することによって，新しい計算の仕方を見出すことができた。そのことをまとめさせるために，まとめの書き出しを次のようにしてみる。

「48枚のクッキーが，4つの袋に12枚ずつ分かれて入っていると考えると，48÷2 の計算は，次のように考えることもできます。それは…」

4年生で学習する「答えが2桁になるわり算」の計算の仕方を考えるときに，ここでの見方・考え方が生きてくると期待できる。

本書の単元配列／3年上

単元（時間）	指導内容	時間
1　かけ算 （9）	第1次　かけ算のきまり 第2次　0のかけ算 第3次　かけ算を使って	5時間 1時間 3時間
2　時こくと時間 （4）	第1次　時こくと時間の求め方 第2次　短い時間	3時間 1時間
3　わり算 （10）	第1次　1つ分の数を求める計算 第2次　いくつ分を求める計算 第3次　わり算の2つの問題 第4次　わり算の世界を広げよう	2時間 2時間 2時間 4時間
4　たし算とひき算 　　の筆算 （8）	第1次　3桁のたし算 第2次　3桁のひき算 第3次　数字カードを並べて	2時間 2時間 4時間
5　長さ （6）	第1次　長い長さを測る 第2次　もっと長い長さの単位	3時間 3時間
6　あまりのある 　　わり算 （7）	第1次　あまりのあるわり算 第2次　あまりを考える問題	4時間 3時間
7　大きな数 （8）	第1次　数の表し方 第2次　10倍した数，10で割った数	7時間 1時間
8　かけ算の筆算 （9）	第1次　2桁×1桁のかけ算 第2次　3桁×1桁のかけ算 第3次　かけ算の答えの大きさ	5時間 2時間 2時間
9　円と球 （8）	第1次　円 第2次　球 第3次　円を使った問題	6時間 1時間 1時間

I

第3学年の
授業づくりのポイント

1 第3学年上巻の内容

第3学年の上巻に収められている内容は，次の9単元である。

---

1 かけ算　　2 時刻と時間　　3 わり算　　4 たし算とひき算の筆算
5 長さ　　6 あまりのあるわり算　　7 10000より大きい数　　8 かけ算の筆算
9 円と球

単元名を改めて眺めてみると，重要な学習内容が並んでいることに気付く。領域ごとに概観してみたい（「データの活用」領域の内容は，上巻には含まれていない）。

(1)「数と計算」領域

数に関しては，1万より大きい数について，万を単位として，十万，百万，千万のように，十，百，千を用いて表すことを学習する。このような数の捉え方は，第4学年で千万よりも上の位について学習するときにも生かされ，十進位取り記数法を理解するために大切な見方となる。

計算に関して見ると，「たし算とひき算の筆算」では整数の加法・減法について，ここで完結することになる。第2学年で学習した2位数同士の計算を基にして，3位数や4位数の計算について考えるわけだが，この先は，桁数が増えても同じ位同士を足したり引いたりするという基本原理は変わらない。

「かけ算の筆算」では，2，3位数に1位数をかける乗法について計算の仕方を考える。下巻では乗数が2位数の場合について学習するわけだが，整数の乗法もそこで完結する。

つまり，整数の加法・減法・乗法に関しては，この学年でそれぞれの計算方法をまとめ，習熟を図ることになるのである。

では，除法についてはどうだろうか。除法は，第3学年ではじめて学習する内容である。計算の意味や答えの求め方について，しっかりと理解させる必要がある。ただし，ここでも形式的に答えの求め方を教えるのではなく，第2学年までに培われた数の見方や，乗法，減法に関する見方・考え方を働かせながら，その計算方法を子ども自らが見いだしていく過程を大切にしていかなければならない。

(2)「図形」領域

上巻では，円と球について学習する。

円や球は，生活の中でよく見かける形ではあるが，それが1点から等距離にある点の集まりという見方はなかなか難しいのではないかと思われる。このような見方は，下巻で学習する「三角形」や，第5学年の「合同」「正多角形」「円周率」などの学習で生きてくるものである。

(3)「測定」領域

時刻と時間に関しては，第1学年から扱ってきている。第3学年では日常生活で必要となる時刻や時間を求める学習が中心となる。

子どもたちは，毎日の生活の中で時計を見ていて，読むことはある程度できるのだが，「○時○分から□分後の時刻」とか「○時○分から△時△分までの時間」を求めることについては苦手な子も多

い。60進法になっていることも，その理由の一つとして挙げられる。

　長さについては，これまでより長い長さを扱う。その場合にも，およその長さを見当つけたり，測定で用いる単位や計器を適切に選択したりできるようになることが求められる。

　時刻と時間にしても，長さにしても，実測などの活動を取り入れ，実感を伴う理解が得られるようにしていくことが大切である。

2 授業づくりのポイント

　前述したように，どの領域の内容においても，形式的に方法を教えて理解させるのではなく，第2学年までの学習で培われた見方・考え方を働かせながら，目的意識をもった活動を行うことによって，基礎的・基本的な概念や性質について理解していけるようにしていきたい。

　そのための授業例を，本書の事例からいくつか紹介したい。

⑴数のイメージをしっかりともちながら，数の大きさを捉えたり，計算の仕方を考えたりする

　1万より大きな数については，具体的に数えたり，数を唱えたりすることはあまりないので，そのイメージをもちにくい。そこで，各位の数が十，百，千，万などのいくつ分であるかを表していることに気付いていけるようなゲームなどを取り入れてみる。

　下の板書に示す授業例では，「おはじきの数」だけでは数の大きさが決まらない。「位カード」とセットになることによって，数が大きくなったり小さくなったりするところが面白い。また，それらを組み合わせることによって1つの数ができていることも理解できるだろう。

板書「大きな数」第2時

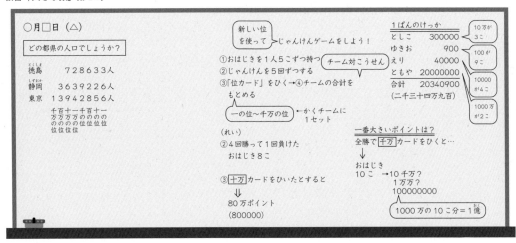

　さらに，この単元の第5時や第7時の活動では，数を数直線上に表してその大小を比べたり，差を調べたりする。それによって，視覚的に捉えることができる。

　同様に，計算について考えるときにも，数の大きさや関係を視覚的に捉えながら学習できるとよい。

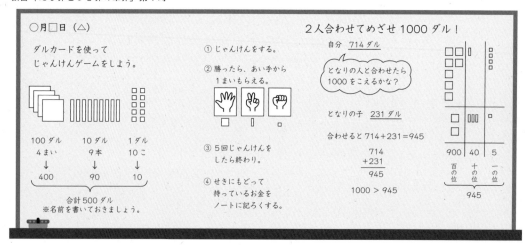

　上の板書は，３位数同士の加法について考える授業のものである。

　「ダルカード」という工作用紙でつくった３種類のカードをやりとりするときに，「小さいカードが10個集まると上のカード１本と同じ大きさになる」とか「大きいカードを両替すると，下のカード10本になる」ということに気付いていく。それが，計算の繰り上がりとか繰り下がりの理解につながる。

　また，乗法について考える場面としては，次のような授業を紹介している。

板書「かけ算の筆算」第1時

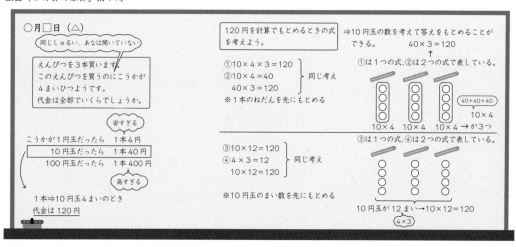

　40×３の計算について考えるとき，40は「10を単位としたときにその４つ分」と捉えて考えられるようにしたい。そうすれば，ただ０をとったりつけたりしているわけではないという理解につなげていける。そこで，「鉛筆１本を買うのに硬貨４枚が必要」というちょっと無理のある設定にしてみたがどうだろう。ちなみに，その次の時間は，「ケーキ１個の値段が，大きな硬貨２枚と小さな硬貨１枚」という設定である。

⑵計算について考える（子どもの発想を引き出す，子どもの表現を生かす）

下の板書は，48÷2の計算の仕方をいろいろと考える授業のものである。

「12枚入りのクッキーの袋が4袋ある。これを2人で等分する。1人分は何枚か」という問題場面である。クッキーが全部で48枚あることから，48÷2とすぐに計算してしまいそうだが，実生活の場面では本当にそういう分け方をするだろうか。「4袋を2袋ずつ分ける」とか「まず1袋の12枚を2人で分けて，それから次の袋をまた分けて…」を繰り返す分け方もある。このような発想を生かすと，答えの求め方はいろいろと出てくる。

なお，この授業の様子は付録のDVDに収録されているのでご覧いただきたい。

板書「わり算」第10時

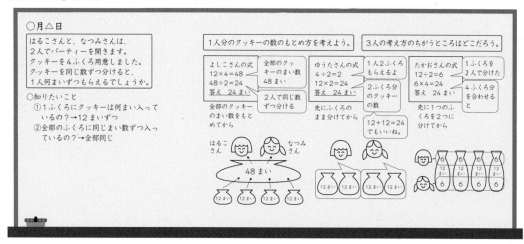

子どもは発想も表現も豊かである。下の「あまりのあるわり算」の導入場面では，子どもたちは，立式できてもその答えをどのように答えてよいのか困ってしまう。そのときに「5だと1枚足りなくて，4だと2枚あまっちゃう」のような表現をする子がいる。この表現についてみんなで考えることを通して，「4あまり2」という答え方につなげていく授業である。

板書「あまりのあるわり算」第1時

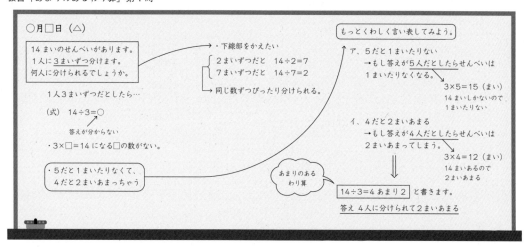

⑶きまりを見いだし，筆算の仕組みを見直す

　1□×△の積と1△×□の積は同じだろうか。乗法は交換法則が成り立つので，この場合も答えは同じになるのではないかと思ってしまうが，調べてみると同じにはならない。積の差は，この□と△の差の10倍の数になるのである。

　このことに気付くと，「なぜ，いつもそうなるのか」が気になり出す。そこで，もう一度計算の過程を見直してみることにする。すると，部分積のところにその理由が見えてくる。

　このような，きまり発見の授業を子どもたちは面白がる。そのきまりが成り立つ理由を考え始めると，意欲が低下する子もいるので，ヒントなどを与えながら楽しく考えられるとよい。

板書「かけ算の筆算」第5時

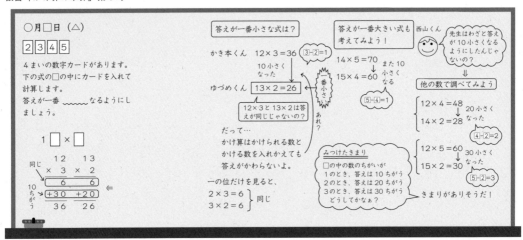

⑷計算練習も楽しく

　習熟を図る場面でも，楽しく計算練習ができるような工夫をしていきたいものである。

板書「たし算とひき算の筆算」第6時

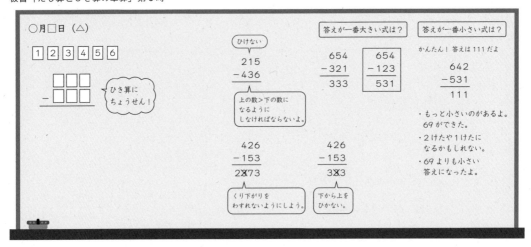

前ページの板書は，「3位数－3位数」の筆算の6つの□の中に1～6の数字を入れて，答えが最大になる場合，最小になる場合を見つける問題を扱う授業のものである。答えが最大になる場合は，割と簡単に見つけることができる。被減数を大きくし，減数を小さくすればよい。ところが，答えが最小になる場合を見つけるのは意外と難しい。試行錯誤して見つけるには，数多くの減法の筆算をしなければならない。しかも，答えは2位数になるので，その計算は繰り下がりのある減法の筆算。いつの間にか，計算をたくさんしてしまうわけである。

　この過程の中で，子どもたちの「次を考えてみたい」「きっと次はこうなるに違いない」「こうすればよさそうだ」といった言葉も引き出すことができる。

⑸実際にかく，つくる，測る活動を通して，深い理解を得たり，量感を育てる

　図形の学習では，図形をかく，つくる，観察する，分解する，折る，切る…といった活動が欠かせない。円の学習でも，何度もかいたり，紙を切って円をつくったり，中心の分からない円の中心を見つけたり…といった活動を取り入れたい。

　また，長さの学習では，実測を通して，豊かな量感をもてるようにしていきたい。

板書「円と球」第5時

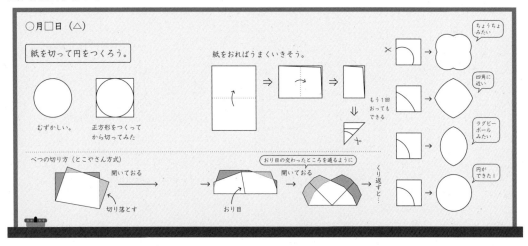

Ⅱ

第 3 学年の算数
全単元・全時間の板書

1 かけ算 （9時間扱い）

単元の目標

・乗法に関して成り立つ性質（交換法則，結合法則，分配法則を含む）についての理解を深める。
・乗法に関して成り立つ性質を活用して，被乗数や乗数が0や10〜12程度の計算の仕方を考える。

評価規準

知識・技能	○乗法に関して成り立つ性質について理解する。 ○被乗数や乗数が0や10〜12程度の答えの求め方が分かる。
思考・判断・表現	○乗法に関して成り立つ性質を，九九表などから見いだすことができる。また，それらを言葉や式で表現できる。 ○被乗数や乗数が0や10〜12程度の計算の仕方を考え，説明することができる。 ○乗法が使える場面において，式で表現したり，式を読み取ったりすることができる。
主体的に学習に取り組む態度	○数の並びや変化などに目を向け，きまりなどを見つけようとする。また，見つけたことをお互いに伝えたり聞き取ったりしようとする。

指導計画　全9時間

次	時	主な学習活動
第1次 かけ算のきまり	1	かけ算九九表を完成させ，同じ答えの数が表の中にいくつずつあるかを，ゲームを通して考える。
	2	九九表の中に並ぶ2つの数の和の求め方を考える。
	3	7×6の答えを思い出すためのヒントを考える。
	4	かけ算の11の段をつくり，きまりを見いだす。
	5	選んだ九九の積と，その九九の被乗数と乗数に1ずつ足したかけ算の積の差を求め，そこにきまりを見いだす。 ※「アワ・アワ・サワーで運だめし！」は，正木孝昌氏の「バン・バン・ジー」の実践を参考にしたものである。
第2次　0のかけ算	6	ゲームの得点の計算を通して，$a×0＝0$，$0×a＝0$について考える。
第3次 かけ算を使って	7	同じ場面を2通りのかけ算の式で表し，かけ算では結合法則が成り立つことを理解する。
	8	○の個数を，かけ算を使って数える。また，友達の式を読み，○の数え方を考える。
	9	かけ算九九の答えの一の位の数を順につないで，模様をつくる。

単元の基礎・基本と見方・考え方

第2学年では，乗法について，乗法の意味を理解し，計算の仕方を考えたり計算に関して成り立つ性質を見いだしたりしてきた。また，それらの性質を活用して，計算を工夫したり計算の確かめをしたりすることなどを学習してきている。

第3学年では，乗法に関して成り立つ性質を用いて，2位数や3位数に1位数や2位数をかける乗法の計算の仕方を考える。

本単元では，乗法に関して成り立つ性質を整理し，式や図を用いて表すなどの活動を通して，（2，3位数）×（1，2位数）の計算について考えるための見方・考え方を培っていきたい。

⑴乗法に関して成り立つ性質を理解する

学習指導要領の第3学年「A数と計算」⑶乗法ア（ウ）には，「乗法に関して成り立つ性質について理解すること。」と記されている。そして，このことに関して，（内容の取扱い）⑷に，「交換法則，結合法則，分配法則を取り扱うものとする。」とある。

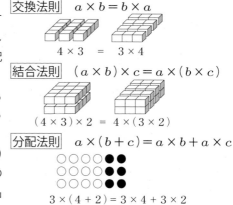

交換法則や分配法則については，第2学年のときにも乗法九九を構成する活動の中で気付いたり，これを使って新たな乗法九九を構成したりしてきた。

例えば，6の段をつくるときに，「6×2は（既習の）2×6と同じ答えになる」のように考えたり，「6×5の答えは6×2の答えと6×3の答えを足せば求められる」のように考えたりする経験をしている。

このような性質について，九九表を通して改めて見直したり，上の図のように表したりしながら，もっと数が大きくなっても使えるようにしていくことが大切である。

また，第2学年のときには，乗法九九を構成する活動を通して，「乗数が1増える（減る）と，積は被乗数だけ増える（減る）」という性質も見いだしている。

既に使っている性質なのだが，これを「4×6の答えは4×5の答えより4大きい」という言葉で表したり，「4×6＝4×5＋4」「4×5＝4×6－4」のような式で表したり，右のような図で表したりして，これらが全て同じことを表しているという見方ができるようにしたい。そして，必要に応じて，それぞれの表現を行き来しながら，乗法の計算の仕方について考えられるようになるとよい。

⑵乗数，被乗数が0の場合の計算について考える

学習指導要領の（内容の取扱い）には，「乗数又は被乗数が0の場合の計算についても取り扱うものとする。」と記してある。

具体的な場面を通して，$0×a＝0$，$a×0＝0$であることを確認する。また，乗法の性質を使って説明できることについても，触れておきたい（例：$3×0＝3×1－3$となる）。

1 かけ算

2 時こくと時間

3 わり算

4 たし算とひき算の筆算

5 長さ

6 あまりのあるわり算

7 大きな数

8 かけ算の筆算

9 円と球

本時案

九九表の中に
いくつあるのかな？

授業の流れ

※ワークシート有り（P40）

1 かけ算九九表を完成させましょう

かけ算九九表の枠を印刷した紙を配り，表の中に数を入れて完成させる。かけ算九九表は，2年生のときにもつくっているので，九九を思い出す作業でもある。

書き終わった頃合いを見計らって，答え合わせをする。隣同士やグループで順に唱えながら，正しく書けているかどうか確かめるとよい。

その後，完成した九九表を使ってゲームを行う。1から81までの数字カードを用意し，その中から1枚を引く。引いたカードの数が，九九表の中にいくつあるかを調べ，そのある数の分だけ拍手がもらえることにする。

○月□日（△）

かけ算九九表をつくろう

×	1	2	3	4	5	6	7	8	9
1	1			4		6		8	9
2		4	6	8		12		16	18
3		6	9	12		18		24	
4	4	8	12	16		24			36
5					25				
6	6	12	18	24		36			
7							49		
8	8	16	24					64	
9	9	18		36					81

この線で分けるとかがみのようになっている

2 12のカードを引いたよ。何回拍手がもらえるかな？

答えが12になる九九は，2×6，6×2，3×4，4×3の4つだよ。だから，拍手は4回だ

（拍手）パン，パン，パン，パン

例えば12の数字カードが引かれた場合は，上のようにする。九九表の12の欄には赤を塗ることにする。

3 ぼくの引いた数は，九九表の中にいくつあるのかな？

順にカードを引いていくが，その数によって九九表にある個数が異なる。なかには，九九表の中にない数もある（例：11，13など）。

残念ながら，そのときには拍手をもらえないことになる。

九九表にある場合は，その個数によって色分けをしていく（1個→黄色，2個→緑，3個→紫，4個→赤）。

1 かけ算

2 時こくと時間

3 わり算

4 たし算とひき算の筆算

5 長さ

6 あまりのあるわり算

7 大きな数

8 かけ算の筆算

9 円と球

本時の評価

・かけ算九九表を完成させることができたか。また，出てくる回数ごとに色分けすることができたか。
・九九表の数の並びの特徴やきまりに気付くことができたか。

準備物

・かけ算九九表の枠
・1から81までの数表
（それぞれ児童用と提示用）

◎九九表にある数だけはく手をするよ。

| 1回はく手の数 きいろ | 1、25、49、64、81 ← 5しゅるい |

当たりはぜんぶで
36まい

| 2回はく手の数 みどり | 3、32、10、30、42、40、
27、48、45、14、… いっぱいある |

36、9、16、4

| 3回はく手の数 むらさき | 3×3、1×9、9×1 ← 4しゅるい |

| 4回はく手の数 あか | 12、18、24、6、8 ← 5しゅるい |

5回はく手の数は
ないのかな？

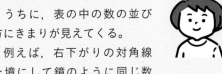

6×1　8×1
1×6　1×8
2×3　2×4
3×2　4×2

はずれは　81-36=45　もある！

---

4 面白いことに気付いたよ

九九表の中に色を塗っていくうちに，表の中の数の並び方にきまりが見えてくる。

例えば，右下がりの対角線を境にして鏡のように同じ数が並んでいる，黄色と紫は対角線上にある，というようなことである。

また，5個以上登場する数はないことや，1から81の中には九九表に登場しない数もたくさんあることに気付いていく。

まとめ

板書の右にあるような1から81までの数表を配り，「当たり（九九表の中にあった数）」に色を塗らせてみる。色は，九九表に登場する回数で塗り分ける。

すると，81種類の数のうち，「当たり」は36枚しかなく，「はずれ（九九表の中にない数）」が45枚もあることが分かる。

この表に整理することがまとめとなる。

本時案

隠した数の合計は いくつかな？

・九九表の中の隠された数の和を求める活動を通して，九九表のきまりについて整理する。
・分配法則につながる見方を育てる。

授業の流れ

1 隠した数はいくつでしょうか？

かけ算九九表の中の1マスを隠しました

隠した数が分かったよ

6だよ。だってね……

　かけ算九九表を黒板に貼る。そして，子どもたちに目をつぶらせて，用意してあった1マス分の画用紙を，6（＝2×3）の枠の上にかぶせ，その数を問う。子どもは，「2の段の3つ目だから」「横に見ると…」「縦に見ると…」のような理由を答える。それは，九九表の見方やきまりにつながるものである。

○月□日（△）

かくした数はいくつ？ → 6

6の見つけ方
・2のだんの3つ目だから
　　2×3＝6

・横に見ると2ずつふえているから
　2、4、⑥、8
　　+2 +2 −2
　　　　　　右から見ると2ずつへっている

・たてに見ると3ずつふえているから
　3
　⑥　+3
　9　−3
　　　下から見ると3ずつへっている

2 今度は，並んでいる2つの数を隠します。その合計はいくつでしょうか

2×2と3×2を隠しているから，合計は…4+6=10になるよ

　次に，九九表の中の縦に並んだ2枠を同時に隠し，その合計を答えさせる。
　子どもは隠された数を考えて，2つの数の合計を計算する（隠した数の上下の数を足しても合計は求められる（2＋8＝10））。

3 次はいくつになるかな？

1回目……2×2＋3×2
　　　　　＝4＋6＝10
2回目……2×3＋3×3
　　　　　＝6＋9＝15
3回目……2×4＋3×4
　　　　　＝8＋12＝20

　順に尋ねていくと，「次も分かる」と言う子が出てくる。合計の数が，10，15，20と続くので，「5の段の答えになっている」と言うのである。「2の段と3の段を足しているから5の段」と言う子もいる。

1 かけ算
2 時こくと時間
3 わり算
4 の筆算　たし算とひき算
5 長さ
6 わり算　あまりのある
7 大きな数
8 かけ算の筆算
9 円と球

本時の評価

・隠された数の和を求めることができたか。また，和を簡単に求めるための方法について理解できたか。

・きまりが成り立つ理由を考えようとしたり，他の段についても調べてみようとしたりしたか。

準備物

・かけ算九九表（提示用だけでもよいが児童用もあるとよい）

・枠を隠す画用紙

かける数

×	1	2	3	4	5	6	7	8	9
1	1	2	3	4	5	6	7	8	9
2	2	10	15	20	10	12	14	16	18
3	3				15	18	21	24	27
4	4	8	12	16	20	24	28	32	36
5	5	10	15	20	25	30	35	40	45
6	6	12	18	24	30	36	42	48	54
7	7	14	21	28	35	42	49	56	63
8	8	16	24	32	40	48	56	64	72
9	9	18	27	36	45	54	63	72	81

かけられる数

$$4 + 6 = 10 \qquad 6 + 9 = 15 \qquad 8 + 12 = 20$$

2のだん ＋ 3のだん ＝ 5のだん

他のだんをかくしてみると…

$$6 + 8 = 14$$

3のだん ＋ 4のだん ＝ 7のだん

$$12 + 15 = 27$$

4のだん ＋ 5のだん ＝ 9のだん

4 他の段も同じようになるのかな？

「2の段＋3の段＝5の段」のようなきまりは，他のところでも成り立つのか，調べてみることにする。

すると，3の段＋4の段＝7の段（例：$3 \times 2 + 4 \times 2 = 7 \times 2$），4の段＋5の段＝9の段（例：$4 \times 2 + 5 \times 2 = 9 \times 2$）のように成り立つことが分かる。

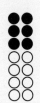

まとめ

見つけたきまりが成り立つ理由については，アレイ図などを用いて確認できるとよい

（例：$3 \times 2 + 4 \times 2 = 7 \times 2$ の場合は上図のようになる）。

時間があれば，「3個の数字を隠した場合は？」について考えさせてもよい。

本時案

どんなヒントが
いいかな？

3/9

授業の流れ

1 どんなヒントをあげますか？

太郎君は7×6の答えを忘れてしまいました

太郎君は，7×6以外の九九は覚えているのですか？

7×6以外は覚えていますよ

太郎君は，かけ算の意味は知っているのですか？

意味も知っていますよ

だったら，7×6は「7を6回足す」という意味だから，「7を6回足してごらん」と言えばよい

7+7+7+7+7+7を計算するんだね

○月□日（△）

7×6＝？

たろう

> たろうくんは、7×6の答えをわすれてしまいました。たろうくんにヒントを出してあげようと思います。どんなヒントをあげますか？

たろうくんは…
・7×6い外の九九はおぼえているよ。
・かけ算の意味も知っているよ。

---

2 「6×7はいくつかな？」というヒントがいいと思います

どうして，そう考えたのかな？

7×6と6×7は同じ答えになるから

　2年生のときの学習や第1時の学習を通して，かけ算には交換法則が成り立つことを子どもたちは知っている。そのことを使ったヒントである。

---

3 「7×5に7を足すといいよ」というヒントがいいと思います

だったら，「7×7から7を引くといいよ」でもいいね

　「7の段は，かける数が1増えると答えは7増える（かける数が1減ると答えは7減る）」ことも，2年生のときに「○の段をつくる」活動を通して知っているはずである。
　式で表すと，
　7×6＝7×5＋7＝7×7－7

2 時こくと時間

3 わり算

4 たし算とひき算の筆算

5 長さ

6 あまりのあるわり算

7 大きな数

8 かけ算の筆算

9 円と球

本時の評価

・7×6の答えを思い出すためのヒントを考えることができたか。また，それらの方法を図や式で表すことができたか。

準備物

・アレイ図を示すときに，おはじきがあるとよい。

 ヒント１

「7を6回たしてごらん。」
7＋7＋7＋7＋7＋7
＝42

 ヒント５

「7×4と7×2をたすといいよ。」

だったら…→

ヒント６

「7×3を2つたすといいよ。」

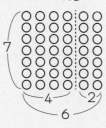

7×6＝7×4＋7×2

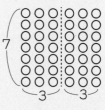

7×6＝7×3＋7×3
7×6＝7×3×2

でもいいね

ヒント２

「6×7はいくつかな？」
6×7＝7×6だから
6×7＝42＝7×6

ヒント３

「7×5に7をたすといいよ。」 だったら…→

ヒント４

「7×7から7をひくといいよ。」
7×6＝7×7－7

 7×6の6を分けている ⇒7の方を分けてもできそう。

---

4 「7×4と7×2を足すといいよ」というヒントもあります

だったら，「7×3を2つ足すといいよ」もあるね

このような考え方も，2年生のときに学習している。上の板書にもあるようなアレイ図などを用いて，その方法の意味を確かめておくようにしたい。

式で表すと，7×6＝7×4＋7×2

まとめ

 7×6＝7×4＋7×2は6を4と2に分けたんだね

 7の方を分けることもできそうだね

板書に示したヒント①〜⑥は，次のようなかけ算の意味やきまりを使ったものである。
①同数累加　　②交換法則
③④7の段のきまり
⑤⑥分配法則（乗数を分ける場合）
これらのことを，子どもの分かる言葉でまとめていけるとよい。

本時案

11の段を
つくろう！

授業の流れ

1 かけ算の11の段はつくれるかな？

11ずつ足していけばつくれそう

では，みんなでつくってみましょう

　子どもたちと，かけ算の11の段をつくる。11に11ずつ足していけばよいので，子どもたちは「簡単だよ」「同じ数が並ぶよ」「かける数を2つ並べればいいんだよ」などと言いながらつくり進めていく。教師は，「そうだねえ」と言いながら，11×10のところで，答えに「1010」と書いてみる。すると，「先生，それは違うよ」と子どもたちは言い始める。

○月□日（△）

１１のだんをつくろう。

$11 \times 1 = 11$　　　$11 \times 6 = 66$
　　$+1 (\ ) +1$
$1①\times② = 22$　　　$11 \times 7 = 77$
　1×2　$+1 (\ ) +1$
$11 \times 3 = 33$　　　$11 \times 8 = 88$
　　$+1 (\ ) +1$
$11 \times 4 = 44$　　　$11 \times 9 = 99$
　　$+1 (\ ) +1$　　　　$(\ ) +11$
$11 \times 5 = 55$　　　$11 \times 10 = \cancel{1010}$
　　　　　　　　　　　　　110

2 11×10＝1010でしょ？
かける数を2回繰り返した数が答えになるんじゃないの？

11×10＝1010じゃ，おかしいよ。だってね…

　11×10の答えは11×9の答えに11を足せばよい。だから，1010ではなく110になる。一の位の和は10だが，その1は十の位に繰り上がることになる。

3 11×11から先の答えはどうなるのかな？

　11×11，11×12，11×13……というように，乗数が11以上の場合についても，その答えを求めてみる。

11×11＝11×10＋11＝110＋11＝121
11×12＝11×11＋11＝121＋11＝132
11×13＝11×12＋11＝132＋11＝143
この答えを見て「面白い」と言う子がいる。

1 かけ算

2 時こくと時間

3 わり算

4 たし算とひき算の筆算

5 長さ

6 あまりのあるわり算

7 大きな数

8 かけ算の筆算

9 円と球

本時の評価

・かけ算の11の段をつくるときに,「かける数が1増えると答えは11増える」ことを使うことができたか。

・11の段の答えの中にある共通点に気付くことができたか。

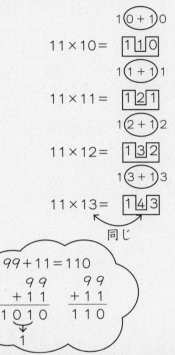

きまりがあるよ

・まん中の数がかける数の十の位と一の位をたした数になっている。

・答えの百の位と一の位がかける数の十の位と一の位になっている。

×10より下を見ると

一の位は0、1、2…
十の位は1、2、3…
百の位は1、1、1…

```
99+11=110
    99        99
   +11       +11
  1010       110
     ↓
     1
```

4 | 答えの数にきまりがあるよ

答えの数を上から順に見ると, 一の位は1, 2, 3……, 十の位は2, 3, 4……と増えていき, 百の位は全て1である。

さらに, 式と比べてみると, 次のことに気付く。

・真ん中の数は, かける数の和になる。

・百の位と一の位の数を並べると, かける数になる。

そうなる理由を考える子もいる。

補足

```
   23
  ×11
   23
  23
  253
```

4 で見つけたきまりになる理由については, ○×11の筆算を考えてみると分かりやすい。

上は, 23×11の筆算だが, これを見ると, 答えの真ん中が(2+3)で, その両脇が2と3になる理由が説明できるのではないかと思われる。

ただし, 子どもたちはまだかけ算の筆算を学習していないので, この段階でこの説明はできない。

本時案

アワ・アワ・サワーで運だめし！

・式を使った遊びを通して，$(a＋1)×(b＋1)－a×b＝a＋b＋1$ というきまりに気付くことができる。

○月□日（△）

アワ・アワ・サワーで運だめし

①すきな九九を1つ決める。
②アワ（かけられる数に1をたす）
③アワ（かける数に1をたす）
④アワ・アワしたあとのかけ算をする
⑤サワー（④の答えから①の答えを引く）
⑥⑤の答えがカードの数と同じなら
　　ラッキー

①3 × 4 ＝12
②⌄+1 ③⌄+1
④4 × 5 ＝20
⑤20 －12 ＝8

⑥
？
引いたカード

授業の流れ

1 アワ・アワ・サワーで運だめしをします

「アワ・アワ・サワー」は，計算の仕方を表す呪文のようなもの。全員が自分で好きなかけ算の式を決め，次の手順で計算する。

例えば，3×4を選んだとする。1つ目の「アワ」で被乗数の3に1を足す。次の「アワ」で乗数の4に1を足す。すると，4×5という式ができ上がる。「サワー」は，4×5と3×4の差を求めることを意味する。

3×4＝12
＋1↓　↓＋1　　差　20－12＝8
4＋5＝20

差の数（この例の場合は8）が「ラッキーナンバー」と一致すれば「ラッキー」となる。

2 ラッキーナンバーは10。10になった子は教えてください

最初に選んだ九九は何ですか？

4×5でした

確かに10になりますね。おめでとう！

全員が「アワ・アワ・サワー」の計算をした後，代表の子に数字カードを引いてもらい，「ラッキーナンバー」を決める。1回目は「10」。10になる式をみんなで確かめる。

3 2回目も10です。10になった子は，最初に選んだ九九を教えてください

7×2です

3×6です

アワ・アワ・サワーの結果が10になるかけ算は，画用紙に記録して黒板に貼っておく。2回目の後，「カードの数は全部10じゃないの？」と怪しむ子がいる。ここで，カードの数は全て10であることを明かす。

1 かけ算

2 時こくと時間

3 わり算

4 たし算とひき算の筆算

5 長さ

6 あまりのあるわり算

7 大きな数

8 かけ算の筆算

9 円と球

本時の評価
・指示通りの計算をすることができたか。
・最初に選んだ式と,「アワ・アワ・サワー」の計算結果
　を比べ,きまりを見つけようとしたか。また,そのき
　まりを理解できたか。

準備物
・10の数字カードを10枚程度
・式を記録し,黒板に貼るための画
　用紙とマグネット

3回目→次も10じゃないの?

1回目 [10]
ラッキー

2回目また [10]
ラッキー

$4 \times 5 = 20$
↓+1 ↓+1 （10）
$5 \times 6 = 30$

$7 \times 2 = 14$
↓+1 ↓+1 （10）
$8 \times 3 = 24$

$6 \times 3 = 18$
↓+1 ↓+1 （10）
$7 \times 4 = 28$

$3 \times 6 = 18$
↓+1 ↓+1 （10）
$4 \times 7 = 28$

アワ・アワ・サワーをした
ときに10になる式を集めて
みよう。

4×5

6×3

7×2

3×6

まだあるよ

かけられる数+かける数=9のとき,10になる。
どうしてだろう?

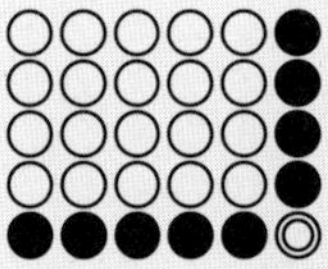

●が9こ,
右下の◎をたして
10ふえる。

下記の説明は,3年生の子にとっては難しいので必ずしも扱わなくてよい。
なお,中学校では文字式を使ってこれを証明する。
$(a + 1)(b + 1) - ab = ab + a + b + 1 - ab = a + b + 1$

4 3回目を行います

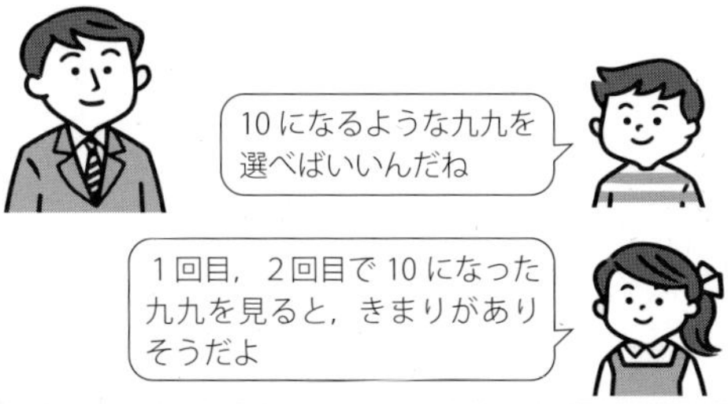

10になるような九九を
選べばいいんだね

1回目,2回目で10になった
九九を見ると,きまりがあり
そうだよ

　1回目,2回目で10になった九九を見る
と,全て被乗数と乗数の和が9になることに
気付く。9は,10よりも1小さい数である。

5 どうしてそうなるのかな?

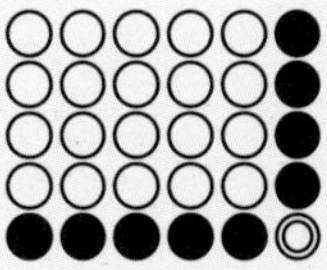

　右図の○の数
を求める式は
4×5である。
この式の被乗数
と乗数にそれぞれ1を足した式（5×6）は,
○に●と◎を合わせた部分の丸の数を求める式
になる。4×5と5×6の差は,●と◎を合わ
せた部分だから$4 + 5 + 1$。つまり,最初の
式の「被乗数+乗数+1」となる。
　きまりが成り立つ理由については,児童の実
態に応じてその扱いの仕方を判断するとよい。

本時案

おはじきゲームをしよう！

6/9

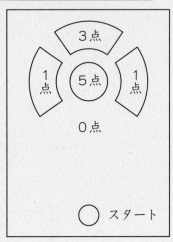

○月□日（△）

おはじきゲームをしよう。

3点

1点　5点　1点

0点

○　スタート

スタートのところにおはじきを
おいてはじく→10 こ

授業の流れ

※ワークシート有り（P41）

1 おはじきゲームをしましょう

スタートの位置におはじきを
置いて，指ではじきます

おはじきが止まった枠の
点数がもらえるんだね

　おはじきをはじいて，入った枠の得点がもら
えるゲームを行う。
　ゲーム盤をグループに1枚ずつ用意する。
1回のゲームに使うおはじきの個数は10個と
する。10個のおはじきの合計が，その子の点
数となる。
　得点は，ノートに記録させておく。

本時の目標

・ゲームの得点を計算する場面で，$a \times 0 =0$，$0 \times a = 0$であることを理解する。

2 5点に何回入ったのかな？

2回だったかなあ。
覚えていないなあ

何点の枠に何回ずつ入った
かが，分かるように記録し
ておきましょう

　全員が一度はゲームが終わったころを見計
らって，得点と一緒に「どこに何個入ったか」
も尋ねてみる。覚えていない子も多いので，点
数ごとに個数を記録することにする。

3 表に記録しておきましょう

　「点数」「おはじきの数」
「得点」が記録としてきちん
と残るような表に記録させる
ようにする。後で，それぞれ
の得点を計算することが本時
の学習のねらいにつながるか
らである。
　10回終わったら，「点数」ごとの「得点」を
計算させ，合計点まで求めさせる。

1 かけ算

2 時こくと時間

3 わり算

4 たし算とひき算の筆算

5 長さ

6 あまりのあるわり算

7 大きな数

8 かけ算の筆算

9 円と球

本時の評価

・$a \times 0 = 0$，$0 \times a = 0$になることを，具体的な場面と関連付けて理解し，式に表すことができたか。
・3の段の九九のきまりを用いて，$3 \times 0 = 0$であることを理解できたか。

準備物

・ゲーム盤をグループ数
・ゲームで使うおはじき

けっかを表に表そう。

とく点をもとめる式を考えよう。

点数 （点）	おはじきの数 （こ）	とく点 （点）
5	3	15
3	0	0
1	4	4
0	3	0
合計	10	19

$5 \times 3 = 15$
$3 \times 0 = 0$
$1 \times 4 = 4$
$0 \times 3 = 0$ （$0 + 0 + 0$）
$15 + 0 + 4 + 0 = 19$

$3 \times 3 = 9$ ⎱ −3
$3 \times 2 = 6$ ⎰ −3
$3 \times 1 = 3$ ⎱ −3
$3 \times 0 = 0$ ⎰

答えが0になる式は書かなくてもいいんじゃないの？

式に表すと
・3点が0こ、0点が3こということが分かるよ。
・同じ0点でも意味がちがう。

4 得点を求める式は？

5点に3個だから,
$5 \times 3 = 15$
3点には0個だから……

点数×おはじきの数だから,
式は$3 \times 0 = 0$になるね

3×0の式になることをきちんと押さえる。また，3の段のかける数を順に減らしていってもその答えになることを確認する。

$3 \times 3 = 9$ ⎱ −3
$3 \times 2 = 6$ ⎰ −3
$3 \times 1 = 3$ ⎱ −3
$3 \times 0 = 0$ ⎰

5 式を見ると，得点以外にも分かることがあるね

何点に何個入ったかが，表を見なくても分かる

同じ0点でも，点の入り方が違うことが分かる

$3 \times 0 = 0$，$0 \times 3 = 0$になることを振り返り，0を使ったかけ算もあることを確かめておく。

本時案

1つの式に
できるかな？

授業の流れ

1 鉛筆は何本いりますか？

答えは 24 本になりそう

数えるのが速いねえ

計算で求めたよ

式はどうなるのか？

　問題場面の絵を見せて，必要な鉛筆の本数を問う。答えが分かったら，式は書かなくていいので，本数だけノートに書くように指示する。

　多くの子は，暗算で鉛筆の本数を求めると思われる（数える子がいてもよい）。そこで，どんな計算をしたのか，自分の考えを振り返らせ，その式をノートに書かせる。

○月□日（△）

えんぴつを　たばにして　くばります。

えんぴつは，何本いるでしょうか？

2 $3×2＝6$，$6×4＝24$ と計算しました

同じだと思うけど，それを1つの式にして，$3×2×4＝24$

　上の板書にある，アとイの式である。

　式の意味を説明させると，「1人分は，3本の束が2束だから$3×2$で6本。それが4人分だから，$6×4＝24$」のような言葉で表現する。

　「$6×4＝24$」とだけ答える子もいると思うが，3（本）と2（束）と4（人）の3つの数で式を表すようにする。

3 $2×4＝8$，$3×8＝24$ と計算しました

イのように，1つの式に表すとどんな式になるのかな？

$3×(2×4)＝24$と表せる

　ウの式である。言葉で表すと，「2束ずつ4人に配るので全部で8束。1束は3本なので鉛筆の本数は，$3×8＝24$」となる。

　$2×4$を先に計算するので括弧をつける。

2 時こくと時間

3 わり算

4 たし算とひき算の筆算

5 長さ

6 あまりのあるわり算

7 大きな数

8 かけ算の筆算

9 円と球

本時の評価

・提示された問題場面を，かけ算の式で表すことができたか。
　また，友達の式の意味を理解することができたか。
・かけ算では結合法則が成り立つことを理解できたか。

準備物

・提示用の絵

いろいろな式があるよ。

（　　）の中を先に計算する

ア、①3×2＝6
　　②6×4＝24
　　　　⇒（3×2）×4＝24

イ、3×2×4＝24

ウ、①2×4＝8
　　②3×8＝24
　　　　⇒3×（2×4）＝24

①2たばあるのを4つ用意して

②3本のたばの数は8です。→3×8＝24

アの式とウの式は
・どちらも正しい　　12人
・アだけ正しい　　　16人
・ウだけ正しい　　　　4人

↓

ウの式も正しい。つまり、
アもウもどちらも正しい。

1	2	3	4	
‖‖	‖‖	‖‖	‖‖	8たば
1　2	3　4	5　6	7　8	

答え　24 本

アの式　　　　　　ウの式
3×2を先に計算する → （3×2）×4＝3×（2×4） ← 2×4を先に計算する

---

4 だったら，イの式にも括弧をつけた方がいいね

3×2を先に計算するから，
（3×2）×4にするんだね

　ア，イとウの式の意味を確認し，それぞれを1つの式で表す。
　このときに，計算する順序が分かるように括弧をつけることにする。

---

5 アの式とウの式は，どちらが正しいのかな？

アが正しいと思う

どちらも正しいと思う

　アの式も，ウの式も，どちらも場面に合っていることを確認し，どちらも正しいことを押さえる。

（3×2）×4＝3×（2×4）

本時案

○はいくつあるのかな？

授業の流れ

※ワークシート有り（P42）

1 ○はいくつあるのかな？

かけ算を使えばよさそうだ

○が並んだ図を数秒間だけ見せる。そして，「○はいくつあるのかな？」と問う。

子どもたちは，「もっとよく見たい」と言う。そこで，もう一度，数秒間見せる。「1，2，……」と数えるのは時間がかかるため，図の中に同じ数のかたまりをつくり，そのいくつ分かを捉えることができれば，かけ算を使えることに気付く。

○月□日（△）

○はいくつあるのかな？

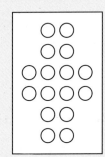

16こ

かけ算を使えばよさそうだ。

2 数え方を式で表しましょう

2×8＝16という式で表せるね

全員にプリントを配り，自分の考え方を式で表すように指示する。

各自，自分の数え方が書けたら発表してもらう。ある子の分け方の図を見せて，他の子に式を考えさせる活動も取り入れたい。

3 4×4＝16と計算しました

式を聞いて，どんな数え方をしたのかを予想しましょう

それは，たぶんこんなふうに分けたのだと思います

同じ式から予想される分け方は，1つとは限らない。子どもによって，○のかたまりのつくり方が異なるからだ。それを共有することによって，式の見方が広がっていく。

1 かけ算

2 時こくと時間

3 わり算

4 たし算とひき算の筆算

5 長さ

6 あまりのあるわり算

7 大きな数

8 かけ算の筆算

9 円と球

本時の評価

・○の数え方を，かけ算の式で表すことができたか。
・他の子の式を読み，数え方を想像することができたか。
・○の数を数えやすいように，並べ替えることができたか。

準備物

・○がかいてある図（提示用と児童用）
・丸いおはじき

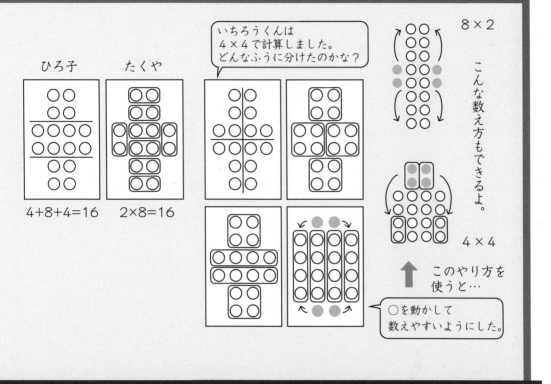

ひろ子　　たくや

いちろうくんは
4×4で計算しました。
どんなふうに分けたのかな？

8×2

こんな数え方もできるよ。

4+8+4=16　　2×8=16

4×4

このやり方を使うと…

○を動かして
数えやすいようにした。

---

4 ○を動かして，形を変えて数えたよ

　他にも，○を移動してかけ算の使える形に変えて数える子もいる（例えば，上の板書右端の 8×2 や 4×4）。
　長方形や正方形の形に変えると，（縦の列の個数）×（列の数）のようにしてかけ算が使える。このような数え方は，4，5年生の面積の学習のときにも生きてくる。

問い方を変える

① ○の個数は何個かな？
② 数え方を工夫しよう。
③ 数え方を式で表そう。
④ 式を見て，数え方を考えよう。
⑤ ○を移動させて，数えやすくしよう。
　多様な数え方を順に発表させるだけでは，授業が停滞してしまうし，学びも少ないので，見る方向を変えてやるとよい。

本時案

かけ算九九で模様をつくろう！

※ワークシート有り（P43）

本時の目標

・かけ算九九を使った模様づくりを通して，各段の関連に気付くことができる。

授業の流れ

1 かけ算九九の3の段を唱えましょう

「かけ算九九の3の段を覚えているかな？」
と言って，3の段を子どもに唱えさせる。教師はそれを聞きながら，答えの一の位だけを板書していく。

子どもはそれを見て，「今，先生は，答えの一の位だけを書いているんだね」ということに気付く。

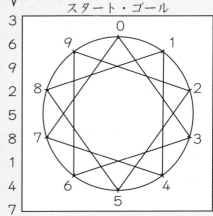

○月□日（△）

3のだんの答えの一の位

3のだん

スタート・ゴール

2 3の段の一の位の数を，直線でつないでみます

きれいな星のような模様ができてきた

黒板に円をかき，円周を10等分して，0から9の数字をふる。そして，「3の段の一の位の数を直線でつないでみます。0からスタートします。そして3。次は6。次は9…」のようにつないでいく。

3 他の段もやってみたい

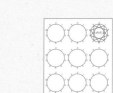

3×9＝27の7までつなぎ，最後に0に戻ると，上の板書のようなきれいな星形の模様ができる。

子どもたちはこれを見ると，「他の段もやってみたい」と言い始める。

そこで，9つの円がかいてあるプリントを配り，全ての段の模様を完成させる。

1
かけ算

2
時こくと時間

3
わり算

4
たし算とひき算の筆算

5
長さ

6
あまりのあるわり算

7
大きな数

8
かけ算の筆算

9
円と球

本時の評価

- 円周を10等分する0から9の数字を，かけ算九九の答えの一の位の順につなぐときれいな模様ができる。この模様づくりを楽しむことができたか。また，面白いきまりに気付くことができたか。

準備物

- 円周を10等分してある円が9つ並ぶプリント（児童用）
- プリントを拡大したもの
- 定規

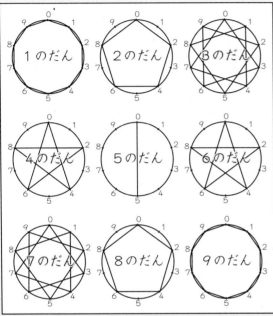

気がついたこと

- 4のだんと6のだんが同じ
- 3のだんと7のだんが同じ
- 2のだんと8のだんが同じ
- 1のだんと9のだんが同じ

たして10になるものが同じ

でも　反対向きに線を引いている。

- 5だけいっしょの形がない。
- 5を中心にむかい合っている。
- 3、7、4、6のだんが星の形
- 5は0と5の間を行ったりきたりする。

---

4 面白いことに気付いたよ

子どもたちはプリントの模様を完成させながら，「面白いことがあるよ」と言い始める。そこで，「気付いたことをノートに記録しておきましょう」と指示をする。

模様を完成させる順序も，子どもたちは1の段から順に行うとは限らない。「もしかしたら，〇の段はこんな形になるのではないか」と予想し，取り組む順序を変えてよい。

5 でき上がった模様を見て，気付いたことをお話ししましょう

作図の途中で気付いたことを発表させる。次のようなことが出てくると思われる。

- 足して10になる段の模様が同じ。
- 5を中心にして，向かい合ったところに同じ模様ができた（ただし，線を引く方向は逆になる）。
- 5の段は，0と5をつなぐ1本の直線。

×	1	2	3	4	5	6	7	8	9
1									
2									
3									
4									
5									
6									
7									
8									
9									

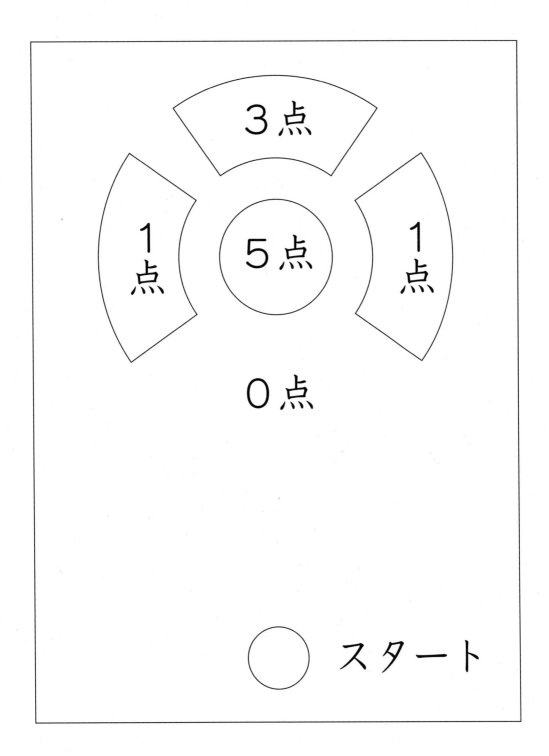

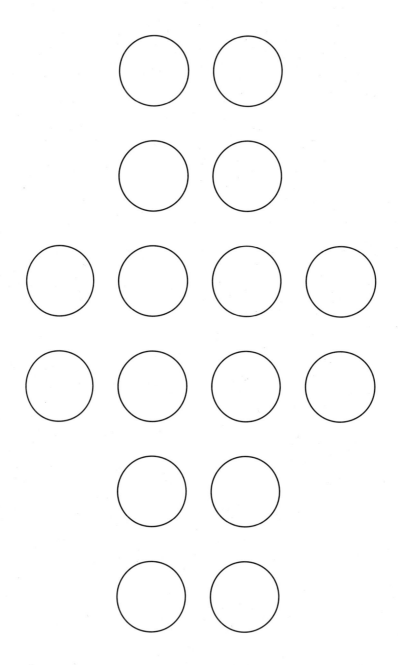

2 時こくと時間 （4時間扱い）

単元の目標

・1時間＝60分であることに注意して，時刻や時間の求め方を考える。また，そのことを日常生活に生かそうとする。
・短い時間を計る単位に「秒」があることを知る。また，ストップウォッチを使って短い時間を計ることができる。

評価規準

知識・技能	○1時間＝60分，1分＝60秒であることを知る。 ○必要な時刻や時間を求めることができる。
思考・判断・表現	○秒，分，時の関係が60進法に基づいていることから，模型の時計や図，式を用いて，時刻や時間の求め方を考える。 ○時計の12をまたぐ時刻や時間の計算の処理の仕方を工夫する。 ○時刻や時間の求め方を，具体物や図，式を用いて説明できる。
主体的に学習に取り組む態度	○時刻や時間に関心をもち，その計算の仕方を工夫しようとする。 ○時刻や時間の計算を，日常生活に生かそうとする。 ○進んで時計やストップウォッチを使ったり読んだりしようとする。

指導計画　全4時間

次	時	主な学習活動
第1次 時刻と時間の求め方	1	「遠足の計画」を見ながら，時刻（○分後）や時間の求め方を考える。
	2	「遠足の計画」を見ながら，時刻（○分前と，いくつかの時間を合計した時間後）の求め方を考える。
	3	ゲームを通して，時間の計算の仕方を考える。
第2次　短い時間	4	ストップウォッチを使って，片足で立っている時間を計る。10秒，30秒，1分などの時間を感覚で当てる。

1 かけ算

2 時こくと時間

3 わり算

4 たし算とひき算の筆算

5 長さ

6 あまりのあるわり算

7 大きな数

8 かけ算の筆算

9 円と球

単元の基礎・基本と見方・考え方

　時刻と時間の指導については，第1学年では「何時」と「何時半」というような読み方から指導を始め，「何時何分」という読み方ができるようにしてきた。

　第2学年では，「午前」と「午後」という言葉，「1時間＝60分」「1日＝24時間」などを学び，時刻と時間の関係についての理解を深めることを大切にしてきている。

　このような学習をさらに進め，第3学年では，日常生活に必要な時刻や時間を求めることを主なねらいとしている。

(1)時刻と時間の関係

　第2学年でも学習することであるが，時間を数直線で表したときに，1点で示されるのが時刻であり，点から点までの長さにあたる部分が時間である。日常生活においては，あまり区別されて使われているわけではないが，算数の指導においては，この2つの意味の違いは，はっきりと意識させておきたいところである。

(2)時刻と時間の計算

　時刻と時間は，「2時40分」と「2時間40分（間）」というように，表現が似ていて意味は異なる。そして，計算のときにはこれらが混在してくる。

　例えば，「8時50分から9時までの時間は？」のように「時刻と時刻の間の時間」を求める問題もあれば，「8時50分の10分後の時刻は？」のように「ある時刻の何分後（前）の時刻」を問われることもある。他にも，「1時間20分と50秒の違いは？」のように，「時間と時間の合計（違い）の時間」のように，時間だけの計算もある。

　このようなことが，子どもの混乱を招く一つの原因と考えられる。

　また，「1時間＝60分」であることが，さらに分かりにくくしていると言える。

　例えば，「8時40分の30分後の時刻は？」を考えるときに，40分に30分を足して70分になるわけだが，答えは「8時70分」ではなく「9時10分」となる。このような変換が難しい。

　子どもに自由に考えさせると，「70分＝1時間10分だから…」のように説明する子もいれば，時計の文字盤や時間を表す数直線などを用いて「20分で9時。9時から10分後だから9時10分」のように考える子もいる。いつも同じ方法を使うのではなく，問題の数値によって，計算しやすい方法は異なるはずである。大切なことは，形式的に一つの方法を教えることではなく，子どもにとって考えやすい方法を様々に出させながら，時刻や時間の見方を豊かにしていくことである。

　例えば，「1時間＝60分」ということは，「60分になると時間は1増える」ということだけでなく，「0.1時間は1時間の10分の1だから6分」という見方にもつながる。時計の文字盤を思い浮かべれば，「10分は1時間の$\frac{1}{6}$」，「5分は1時間の$\frac{1}{12}$」，さらに，「15分＝$\frac{1}{4}$時間」「20分＝$\frac{1}{3}$時間」のように捉えることもそれほど難しいことではない。

　このような見方・考え方は，第5学年の「速さ」の学習など，上の学年でも活用される場面は多くある。

本時案

到着したのは何時何分かな？

本時の目標

・○分後の時刻を求める計算の仕方を考える。
・時間を求める計算の仕方を考える。
・時計の12をまたぐ時間や時刻の計算の仕方を理解する。

授業の流れ

1 東駅に到着したのは何時何分かな？

たけし君の遠足の1日を表しました。東駅8：30発の電車に間に合うかな？

東駅に着くのは何時何分かな？

どのように計算すればいいのかな？

　遠足の日程をもとに，時刻を求めたり時間を求めたりする計算を行う。

　本時では，7：50の20分後の時刻を求める問題（①）と，8：30から9：40までの時間を求める問題（②）を扱う。

　板書の①と②の部分は，はじめは空欄にしておく。

○月□日（△）

たけし君の遠足の計画

学校	―20分→ 歩く	東駅	？② 1時間10分
出発 7:50		？① 8:10　とう着	出発 8:30 電車

①東駅にとう着する時こくは？ ⇒ 8時10分

ア、7時50分＋20分＝7時70分＝8時10分

> 1時間＝60分
> 70−60＝10だから
> 70分＝1時間10分

イ、7時50分＋10分＝8時　7時50分はあと10分で8時
　　8時＋10分＝8時10分

> 20分を10分と10分に分けた

---

2 7時50分に20分を足すと，7時70分になるよ。これだと変だね

1時間は60分だから…

60分で1時間だから，7時70分は，8時10分のことだよ

　8時をまたぐ部分をどのように考えたのかを，吹き出しの中に書き，考え方の違いが分かるように板書していきたい。

---

3 東駅を出発してから登山口まで，時間はどれだけかかるのかな？

はじめに1時間足してみたよ

8：30の1時間後は9：30。9：40までは，あと10分。だから，1時間と10分を足して1時間10分

　ひき算で答えを求める問題だが，「あと何分で9：40になるか」と考える子どもも多い。そして，9：40と8：30を見比べると，1時間以上は時間がかかることがすぐに分かる。そこで，まずは1時間を足してみるという考え方である。

1 かけ算

2 時こくと時間

3 わり算

4 たし算とひき算の筆算

5 長さ

6 あまりのあるわり算

7 大きな数

8 かけ算の筆算

9 円と球

本時の評価

・7時50分の20分後の時刻を求める計算の仕方，8時30分から9時40分までのかかった時間を求める計算の仕方を考えることができたか。また，友達の考えを理解できたか。

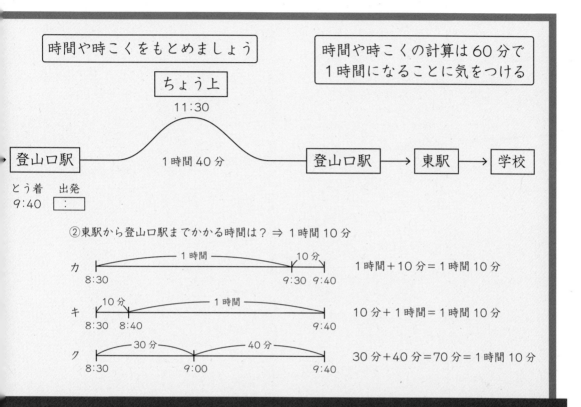

時間や時こくをもとめましょう

ちょう上
11:30

時間や時こくの計算は60分で1時間になることに気をつける

登山口駅 ──1時間40分── 登山口駅 → 東駅 → 学校

とう着　出発
9:40　　［ ： 　］

②東駅から登山口駅までかかる時間は？ ⇒ 1時間10分

カ　1時間 / 10分　8:30 … 9:30　9:40　　1時間＋10分＝1時間10分

キ　10分 / 1時間　8:30　8:40 … 9:40　　10分＋1時間＝1時間10分

ク　30分 / 40分　8:30　9:00　9:40　　30分＋40分＝70分＝1時間10分

4 はじめに9時までの時間を考えてみたよ

8：30から9：00まで30分でしょ

9：00から9：40まで，あと40分だね。あわせて70分だ

　きりのよい時刻までの時間を考えて，順に求めていく方法もある。時計をイメージすると，長針が12に行くまでの時間を先に考えるのである。すると，残りの時間も考えやすい。ひき算の加減法のような計算の仕方である。

まとめ

時刻と時刻の間が時間ですね

1時間＝60分で計算するんだね

　①の問題は，時刻に時間を足して時刻を求める問題である。一方，②の問題は時刻から時刻を引いて時間を求める問題である。
　つまり，時刻と時刻の間が時間ということである。
　60分で1時間になることに注意して処理をするように心掛けたい。

本時案

出発したのは 何時何分かな？

授業の流れ

1 1時間40分前の時刻を考えればいいんだね

頂上に着いたのは 11：30。登山口駅を出発してから 1 時間 40 分後です。登山口駅を出発したのは何時何分？

11 時 30 分−1 時間 40 分を計算すればいいのかなあ。難しいなあ

　前時は，「○分<u>後</u>」の時刻を求めている。本時は，「○時間○分<u>前</u>」を求める計算である点で異なる。「時間」から「分」への繰り下がりがある部分の処理をどのように行うか，その工夫について，いろいろなアイディアが出てくることを楽しみたい。

○月□日（△）

たけし君の遠足の計画のつづき

学校 ⟶ 東駅 ⟶

①登山口駅を出発する時こくは？

 ア、1<u>1</u>時 30 分−1 時間 40 分

 60分

10 時 90 分−1 時間 40 分
　　＝9 時 50 分

```
  10:90
−  1:40
   9:50
```

2 30分から 40分は引けないなあ

「時」も「分」も 引けるようにしたよ

　①のアの考えは，「30分から40分は引けないので，『時』から 1 時間（＝60分）を借りてくる」という発想である。2 桁同士のひき算で，一の位が引けないときに十の位から借りてくる発想と同じである。
　このときも「1 時間＝60分」であることに気をつけたい。

3 時間の組み合わせを変えると，計算がしやすくなるね

　②は，いくつかの時間を合計して，その時間が経過した後の時刻を求める問題である。
　頂上で過ごした時間の合計をはじめに求めると，カのような計算になる。けれども，「30分」という計算のしやすい数値が 3 つあるので，これを先に足すことを考えると，キ，ク，ケのように足す順序を入れ替えて計算することも考えられる。

1
かけ算

2
時こくと時間

3
わり算

4
たし算とひき算の筆算

5
長さ

6
あまりのあるわり算

7
大きな数

8
かけ算の筆算

9
円と球

本時の評価

・11時30分の1時間40分前の時刻の求め方を考えることができたか。また，他の子の考えが理解できたか。
・登山口駅に到着する時刻を求めることができたか。また，他の子が計算した順序を理解することができたか。

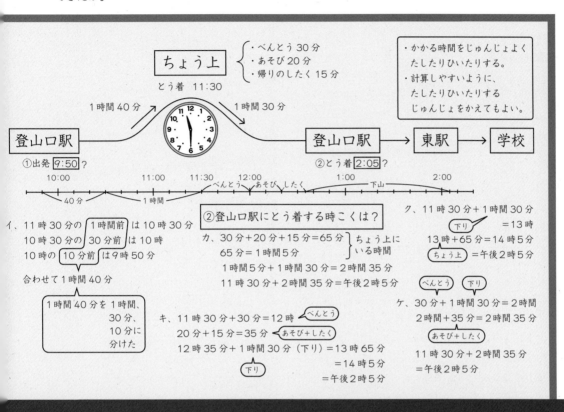

4 時刻を直線に表して，確かめてみましょう

　②の問題が終わったところで，登山口駅を出発してからの時間の流れを数直線上に表してみる。（板書の中央部分）

　1目盛りが10分であることを確認し，ここまでに計算してきた結果を当てはめながら振り返ってみる。時刻は点であり，時間は直線の長さに表れている。

数直線を使った振り返り

> 時刻と時間を1本の直線の上に表すと，分かりやすいね

　数直線上に時間の流れを表しながら，問題①のア，イと②のカ〜ケの計算が，どの部分を求める計算をしていたのかということを振り返ってみたい。

　時間を長さに置き換えることによって，計算の順序が分かりやすくなることが期待できる。

本時案

何分たったかな？

3/4

授業の流れ

1 「何分たったかな？」ゲームをしましょう

1 0 2 4 3 5

数字カードを2枚ずつ引いて，□に入れるんだね

間の時間の長い方が勝ちだよ

午前8時□0分
〜
午前8時□0分

「何分たったかな？」ゲームを2人組で行う。ルールは次の通り。
① 0〜5の数字カードを裏返しておき，1枚ずつ2回引く。「午前8時□0分」の□にその数を入れる（大きい数を下の□に入れる）。
② 間の時間が長い方が勝ちとなる。

○月□日（△）

「何分たったかな？」ゲーム
①カードを2まい引く。
②時間をもとめる
③時間の長い方が勝ち

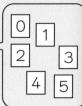
0 1
2 3
4 5

〈第1ステージ〉

〈勝ち！〉

ゆうたろう　　　　さき

午前8時 **1** 0分　　午前8時 **2** 0分

〜20分　＜　30分〜

午前8時 **3** 0分　　午前8時 **5** 0分

0 ⌐¬ ⌐¬ 4 ⌐¬

---

2 下の時刻を「午前9時□0分」に変えて，ゲームを続けましょう

時間の計算が難しくなったよ

でも，9時の前と後の時間を足すと計算が楽だよ

1枚目に引いた数字カードを8時□分の□に入れることにする。ルールを変えて，〈第2ステージ〉とする。時間の計算が，9時をまたぐので難しくなるが，何回か繰り返すうちに，計算のコツが分かってくる。

---

3 もっと簡単に，間の時間が分かる方法があるよ

カードの数字が1違いのときは，間の時間が70分か50分になるね

カードの数字の違いが，2, 3, 4, 5のときも決まっているのかな？

数字カードの差によって，間の時間が決まることに気付く子もいると思われる。
カードの差が2のとき→間の時間は80分か40分。3のとき→90分か30分。4のとき→100分か20分。5のとき→110分か10分。

---

1 かけ算

2 時こくと時間

3 わり算

4 たし算とひき算の筆算

5 長さ

6 あまりのあるわり算

7 大きな数

8 かけ算の筆算

9 円と球

本時の評価

・「何分たったかな？」ゲームを楽しむことができたか。
・ゲームを通して，時間の求め方を理解し，正しく計算
することができるようになったか。

準備物

・ペアごとに，0〜5の数字カード
を2枚ずつ。

〈第2ステージ〉 $\boxed{0}$ $\boxed{4}$

ともき ←[勝ち！] ゆうみ
午前8時$\boxed{3}$0分　午前8時$\boxed{5}$0分
　　〜40分　＞　30分〜
午前9時$\boxed{1}$0分　午前9時$\boxed{2}$0分

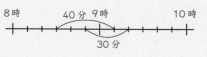

ともき
　8時30分〜9時→30分
　30分＋10分＝40分

ゆうみ
　8時50分〜9時→10分
　10分＋20分＝30分

〈第3ステージ〉 $\boxed{1}$ $\boxed{5}$

みのる 　[勝ち！]〜けいこ
午前11時$\boxed{4}$0分　　午前11時$\boxed{3}$0分
2時間20分〜　＜　〜2時間50分
午後2時$\boxed{0}$0分　　午後2時$\boxed{2}$0分

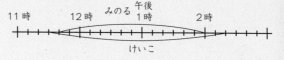

・12時〜2時の2時間はいつも同じ
・2時間○分の「○分」のところは
　第2ステージの考え方を使える。

---

4 第3ステージは，計算がもっと
大変ですよ

あれ？いつも「2時間○分」
になるよ

第2ステージのときに見つ
けたきまりが使えるよ

板書の右側にある数直線の12時〜2時の2
時間を除くと，真ん中と同じように考えられる
ことが分かる。

まとめ

〈第1ステージ〉
　「○時」が同じときには，「分」のところ
だけを見てひき算すればよい。
〈第2ステージ〉
　「○時」が1違いのときには，後の時刻
の「分」に60を足してからひき算するか，
時計の長い針が12に行くまでの時間と12を
過ぎてからの時間を足せばよい。
〈第3ステージ〉
　「○時」が2以上違うときにも，1違い
のときの考え方が使える。

本時案

短い時間を計ろう！

・短い時間を表す単位に「秒」があること，1分＝60秒であることを知る。
・短い時間に対する感覚を高める。

○月□日（△）

バランス調べ

どちらの子が
どのくらい長く
立っていられたかな？

⇓

ストップウォッチで
計ればよい。

スタート（右ボタン）
↓
ストップ（右ボタン）
↓
リセット（左ボタン）
（0にもどす）

授業の流れ

1 バランス調べをしましょう

両目をつぶり，片足で立ちます

どちらの子が，どれだけ長く
立っていられたかな？

ストップウォッチで計れば分かるよ

代表の子2人に前に出てもらい，順に片足で立ってもらう。2人が終わった後で，「どちらが長く立っていたか」を問う。

このときに，自分のテンポで数える子，時計の秒針の動きを見る子などが見受けられると思われる。

2 ストップウォッチで計ってみよう

1 での子どもの反応から，「時間」を調べればよいと考えていることが分かる。このように短い時間を計る道具に「ストップウォッチ」があることを教える。

そして，1〜2人に1個ずつストップウォッチを配り，使い方を説明する。また，表示される数値が「秒」という単位であり，「60秒＝1分」であることを確認する。

3 2人組で計ってみましょう

代表の2人の子の時間をみんなで計ってみる。1秒未満は切り捨て（または切り上げ）ることにする。正しく計れたかどうか，ストップウォッチに表示された秒数をお互いに確かめる。多少の誤差は認め，大きな違いがなければよいことにする。

その後，2人組でお互いに片足立ちの時間を計る。各自の記録は，黒板上の座席表にも書くことにする。1分を超える時間については「秒」だけでも表してみる。

（例：1分5秒＝65秒）

本時の評価
・「バランス調べ」の時間を，ストップウォッチを使って正しく計ることができたか。
・「分」と「秒」の間の単位換算が正しくできたか。

準備物
・ストップウォッチ（児童数）

みんなで計ってみよう　　　1分＝60秒

☆2分になったら終わり

ぴたりあてましょう！

① 10秒
② 30秒
③ 1分

			どう				
35秒			1分35秒				
28秒			18秒			2分 金	
1分5秒		42秒			2分 金		
		1分45秒 銀					

1分5秒　＝65秒　（60＋5）
1分45秒＝105秒　（60＋45）
2分　　＝120秒　（60＋60）

4 ぴたりの秒数で止められるかな？

　ストップウォッチの使い方にも慣れてきたところで，その表示画面を見ずに，決められた秒数（10秒，30秒，1分など）で止める遊びをする。
　「秒」という時間に対する感覚を育てることが目的なので，何度も挑戦させるとよい。
　なお，小数はまだ未習なので，1秒未満の読み方については子どもに任せてよい。

まとめ

2分は何秒かな？

1分＝60秒だから
60＋60＝120秒です

　「1分＝60秒」という関係が，「1時間＝60分」と同じになっていることに気付かせたい。そして，「分」と「秒」との間の単位換算の仕方についても確認しておきたい。
　また，ストップウォッチについては，算数以外にも様々な場面で使わせるようにしたいものである。

1 かけ算
2 時こくと時間
3 わり算
4 たし算とひき算の筆算
5 長さ
6 あまりのあるわり算
7 大きな数
8 かけ算の筆算
9 円と球

3 わり算 （10時間扱い）

単元の目標

- ・除法の意味について理解し，等分除と包含除の場面があることを知る。
- ・除法と乗法や減法との関係について理解する。
- ・除数と商が1位数の場合で，あまりがない除法の計算が正しくできる。
- ・簡単な場合について，除数が1位数で商が2位数の除法の計算が正しくできる。

評価規準

知識・技能	○除法の意味を理解している。 ○除数と商が1位数の場合で，あまりがない除法の計算が正しくできる。また，簡単な場合について，除数が1位数で商が2位数の除法の計算が正しくできる。
思考・判断・表現	○除法が用いられる場面を判断し，正しく立式できる。 ○除法の答えを，乗法や減法を用いたり，具体物を操作したりしながら求めることができる。また，その方法を説明できる。
主体的に学習に取り組む態度	○除法で求める問題場面について，これまでの学習や生活場面での経験を生かしながら処理し，答えを求めようとする。

指導計画 全10時間

次	時	主な学習活動
第1次 1つ分の数を求める計算	1	2つの絵を比べ，等分することの意味を理解する。その後，12個のおはじきを4等分してみる。
	2	等分除の場面を，わり算の式で表す。また，別の場面についても，その分け方を絵で表してみる。
第2次 いくつ分を求める計算	3	包含除の問題文を読み，答えの求め方を考える。また，「いくつ分」を求めるときにもわり算を使うことを知る。
	4	ロープを同じ長さずつに分ける問題（連続量の包含除）について，答えの求め方を考える。
第3次 わり算の2つの問題	5	わり算の絵本をつくる。
	6	子どもがつくった絵本を，等分除の問題と包含除の問題とに分類する。
第4次 わり算の世界を広げよう	7	0÷3や6÷1の場面について考える。
	8	答えが6になるわり算について考える。
	9	30÷3，30÷2，36÷3の答えがそれぞれいくつになるかを考える。
	10	48÷2の答えの求め方を考える。

１
かけ算

２
時こくと時間

３
わり算

４
たし算とひき算の筆算

５
長さ

６
あまりのあるわり算

７
大きな数

８
かけ算の筆算

９
円と球

単元の基礎・基本と見方・考え方

　除法の学習は，第３学年で初めて行われる。

　素地となる学習として，第１学年のときに具体物を同じ数ずつに分けたり，同じ数ずつに分けるといくつずつに分けられるかを操作や図で説明したり，分けられた結果を式に表したりする活動を経験している。また，第２学年では，乗法の意味を知り，乗法九九を構成したり乗法に関する性質を見いだしたりする学習を行ってきている。

　第３学年では，これらの学習の上に，乗法の逆算である除法について学習する。除法の意味を知り，答えの求め方を考える過程の中で，除法と乗法や減法との関係を見いだしながら，この計算について豊かに考えることができるようにしていきたい。

　そして，この学年で培われた除法についての見方・考え方が，第４学年以降の多数桁の除法や小数・分数の除法について考えていくときに働くようにしていくことが大切である。

(1)わり算（除法）の意味

　除法の意味は，等分除と包含除に大別される。除法の導入に当たっては，それぞれの特徴を踏まえて取り扱うようにする必要がある。下に「12÷3」で求める２つの場面を例示してあるが，異なる２つの場面がどちらも「12÷3」と立式されることに戸惑う子どももいるので留意したい。

① 等分除

　ある数量を等分したときにできる１つ分の大きさを求める計算である。

　例えば，「12個のあめを３人に同じ数ずつ分けると，１人分は何個になるか」という問題場面にあたる。このとき，１人分の個数を□個とすると，□×3＝12という乗法の□を求めていることになる。これを，「12÷3」と立式する。

　等分除が成り立つのは，「同じ数ずつ分ける」からである。もし，１人分の個数が違っていれば，個数を求めることなどできない。等分除の導入で子どもに気付かせたい大事なポイントである。

② 包含除

　ある数量が，もう一方の数量のいくつ分であるかを求める計算である。

　例えば，「12個のあめを１人に３個ずつ配るとき，何人に分けられるか」という問題場面にあたる。この場合，累減の考え方で，12個のあめから３個ずつ引いていくと，12－3＝9，9－3＝6，6－3＝3，3－3＝0というように４回で０個になることから，答えは「4人」と求めることができる。これでも答えは求められるし，操作と式を結びつけながら考えることができる。しかし，数値が大きくなると手間がかかる。これを，乗法の逆で考えると，配る人数を□人としたときに，3×□＝12の□を求める計算だとみることもできる。

　このような問題場面を，「12÷3」と立式することを指導する。

(2)等分除と包含除を統合的に捉える

　例えば，「12個のものを３人に等しく分ける」という等分除の操作において，「はじめに１人に１個ずつ配ると３個必要になり，もう一度１個ずつ配ると３個必要になる…」という操作を行うとき，この操作は，包含除の「12個のものを３個ずつ配る」操作と同じとみることができる。

　このように，等分除と包含除を統合的に捉えることによって，どちらも同じ「12÷3」と立式でき，答えを求めるときには３の段の乗法九九が用いられると考えることができる。

本時案

どのように分けられているのかな？

授業の流れ

1 2つの絵を比べてみましょう

あめが12こあります。
4人で分けました。

このお話の絵を，2つ見せます。
それぞれの絵はどのように分けられているのでしょうか

「あめが12個あります。4人で分けました」という話に合う絵として，2種類の絵を見せる。どちらの絵も，お皿の上には覆いがしてあってあめは見えない。そこで，絵の中の4人の子どもの表情から，あめがどのように分けられているかを推測するのである。

○月□日（△）

あめが12こあります。
4人で分けました。 ⇒

〈絵①〉

・1人がすごくよろこんでいる。
・悲しそうな顔をしている子もいるよ。
・数がちがうんじゃないの？

2 ①の絵は，1人がすごく喜んでいるよ

悲しそうな顔をしている子もいるよ

あめの数が違うんじゃないの？

4人のうち1人が喜び，1人は悲しそうな顔をしている。このことから，1人の個数が多く，1人の個数が少ないと予想できる。つまり，同じ数ずつではないのである。
話し合いの後，覆いを取り確かめる。

3 ②の絵は，みんなニコニコしているよ

今度は同じ数ずつ分けていると思う

12個のあめの代わりに，12個のおはじきを同じ数ずつ分けてみよう

12個のおはじきを各自，机の上で同じ数ずつ分けさせてみる。
その後，黒板上でもおはじきを使って3個ずつに分けられることを確かめる。

1 かけ算

2 時こくと時間

3 わり算

4 たし算とひき算の筆算

5 長さ

6 あまりのあるわり算

7 大きな数

8 かけ算の筆算

9 円と球

本時の評価

・2つの絵の違いを、言葉や式で表現することができたか。
・12個のおはじきを等分することができたか。また、等分し終わった後の状態が 3×4＝12 の式で表されることを説明できたか。

準備物

・2枚の絵（①と②）
・おはじき12個（児童各自と教師用）

2つの絵があります。
それぞれどのように
分けられているでしょうか？

〈絵②〉

・みんなにこにこしている。
・同じ数ずつ分けたのだと思う。
　⇓
　同じ数ずつ分けてみよう

絵②のように分けたとき、
式で表すと…？

3×4 ⎫ どちらの式が
4×3 ⎭ 正しいのかな？

⇓

3こずつ4まいのお皿に
のっているから

□×4＝12
↑
1人分のあめの数

4 3×4かな？ 4×3かな？

3個ずつ4枚のお皿にのっているから3×4＝12だよ

　②のように同じ数ずつ分けた状態を式で表す。3×4と4×3が出されたとき、どちらが絵に合っているかを話し合わせる。

まとめ

同じ数ずつ分ける場合は
答えが1つに決まりますね

　2つの絵を式で表すと、①は同じ数ずつではないので「5＋3＋3＋1＝12」のような式となり、②は同じ数ずつ分けているので「3×4＝12」というかけ算の式で表すことができる。

　同じ数ずつ分ける場合、1人分の数は、□×4＝12の□に入る数となることを振り返っておく。

本時案

どのように分けたのかな？

本時の目標

・等分除の場面について，わり算の意味を理解することができる。
・等分除の場面を絵や式で表すことができる。

授業の流れ

1 どのように分けたのかな？

あめが 12 こあります。
4 人で同じ数ずつ分けます。
1 人分は何こでしょうか。

昨日の②のお話だ

同じ数ずつ分けるんだね

前時のお話②を問題文の形で提示する。「同じ数ずつ分ける」ことを確認し，どのような手順で分けたのか，各自におはじきを使って再現させてみる。

続いて，それを黒板のところでやってもらうことにする。

○月□日（△）

きのうの問題

① あめが ⑫ こあります。
④ 人で同じ数ずつ分けます。
1 人分は何こでしょうか？

答え　1人分は3こ

2 ぼくは，1 個ずつ分けたよ

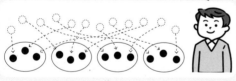

1 人に何個ずつ配れるかが分からないので，「1 個ずつ配る」（上図）とか「はじめに 2 個ずつ配ってみて，残りを 1 個ずつ配る」というような配り方をする。

分け終わった後の図ができる過程を大切にしたい。

3 式で，12 ÷ 4 ＝ 3 と表します

このような計算を「わり算」と言います

言葉で表すと，「12個のあめを 4 人で同じ数ずつ分けると，1 人分は 3 個です」を，式では「12÷4＝3」と表すことを教える。

前時で考えたように，3 という答えの数は，「□×4＝12」の□に入る数である。

1 かけ算

2 時こくと時間

3 わり算

4 たし算とひき算の筆算

5 長さ

6 あまりのあるわり算

7 大きな数

8 かけ算の筆算

9 円と球

本時の評価

・等分除の問題場面について，手を動かしながら考えたり絵で表したりすることができたか。
・「わり算」の意味を理解し，式で表すことができたか。

準備物

・おはじき

わり算

⇒（式）12 ÷ 4 = 3
　　　　 わる　　 は

⇒ 3 × 4 = 12

② 花が ⑫ 本あります。
花びんが ④ つあります。
同じ数ずつ生けます。 分ける
1つの花びんに何本ずつ
生けられるでしょうか。

答え　3本ずつ

（式）12 ÷ 4 = 3

図に表してみよう。

---

4 次の問題を絵にかいてみよう

花が 12 本あります。花びんが 4つあります。同じ数ずつ生けます。1つの花びんに何本ずつ生けられるでしょうか。

「あめ」の問題と同じだよ

「12 ÷ 4」で答えを求める等分除の別の問題を扱う。絵に表して，分ける手順について確かめるようにする。

まとめ

　花を花瓶に分ける問題の絵をかかせてみると，子どもたちは様々な工夫をして配る順序を表そうとする。
　矢印で表す以外に，例えば，「4コマ漫画に表す」「分けた順に番号をつける」「1回目に分けた花は赤，2回目は黄色……のように色で分ける」などである。この絵を使いながら，お互いに説明し合うとよい。

本時案

何人に配れるかな？

3/10

授業の流れ

1 何人に配れるでしょうか？

あめが 12 こあります。
1 人に 4 こずつ分けます。
何人にくばれるでしょうか。

え？ 何人いるの？

　包含除の問題を提示すると，問題を読んで，「なんかおかしい」と感じる子がいる。前時の問題と「分ける」という点では同じなのだが，人数を問われているからである。それに対し，すぐに「何人いたとしても，3 人にしか配れないよ」と言う子もいる。そこで，「どうして『3 人』と分かったのか」を話題にする。

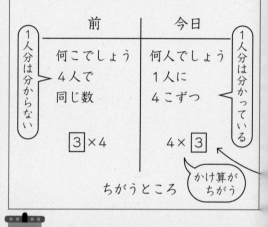

○月□日（△）

前の時間の問題

① あめが 12 こあります。
　4 人で同じ数ずつ分けます。
　1 人分は何こでしょうか。

	前	今日	
1人分は分からない	何こでしょう 4人で 同じ数	何人でしょう 1人に 4こずつ	1人分は分かっている

$\boxed{3} \times 4$　　$4 \times \boxed{3}$

ちがうところ

かけ算がちがう

2 どうして「3 人」って分かったの？

4個のかたまりがいくつあるかを考えたよ。　$4 \times \square = 12$

12 から 4 を 3 回引いたら 0 になるよ

おはじきを使って，分けてみたよ

3 この問題の答えを求める式も，$12 \div 4 = 3$ と書きます

　本時の問題は，前時に学習した等分除の場面とは，尋ねていることが異なる。また，分けた後にでき上がった絵も異なる。

　けれども，前時と同じ「$12 \div 4 = 3$」という式で表すことに，子どもたちは戸惑いを見せるかもしれない。そのことを認め，比較して整理してみることにする。

1 かけ算

2 時こくと時間

3 わり算

4 たし算とひき算の筆算

5 長さ

6 あまりのあるわり算

7 大きな数

8 かけ算の筆算

9 円と球

本時の評価

・総数と1人分の数が分かっているときに，分けられる人数を求める場面で，答えの求め方を考えたり説明したりできたか。また，この場合にもわり算が使えることを理解できたか。

準備物

・前時の問題文（提示用）

あめが12こあります。
1人に4こずつ分けます。
何人にくばれるでしょうか。

え？

答え　3人

この問題の
答えをもとめる式も

$12 \div 4 = 3$

○月□日の問題と
ちがうけど式は同じ

・なんかおかしいよ。
・何人いるの？
・はじめのあめの数が
　わからなくて，
　人数がわかればかけ算
・3人しかくばれないよ。

人数をもとめる
問題がつくれる

イ、$12 - 4 = 8$
　$8 - 4 = 4$
　$4 - 4 = 0$

4を3回
ひいたら
0になったよ。

どうして「3人」って
わかったの？

ア、4このかたまりがいくつあるか

$4 \times \boxed{} = 12$

□に入る数字は3

ウ、おはじきを
　使って考えた

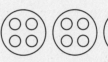

$4 \times 3 = 12$

---

4 前の時間の問題と比べてみます

　前時の問題文を画用紙などに書いておき，本時の問題の左横に貼る。そして，文や式の違いとともに，分ける操作の違いを比べる。

・尋ねているのは，「1人あたりの個数」と「分けられる人数」
・分かっていることは，「分ける人数」と「1人あたりの個数」
・「□×4＝12」と「4×□＝12」

まとめ

 最後の絵も違うね

前
今日

　分けるときの操作も，次のように異なる。
・本時は，配る個数が分かっているので，4個のかたまりごと配っていく。
・前時は，1人に何個配れるかが分からないので，とりあえず1個か2個ずつ配ってみる。残ったら，さらに配る。
　なお，子どもが混乱しそうなときには，比較（**4**の活動）は別の時間に行うとよい。

本時案

長縄は何本できるかな？

授業の流れ

1 長縄は何本できますか？

20mのロープがあります。
このロープを 5mずつに切って，
長なわをつくります。
長なわは，何本できるでしょうか。

4本できると思います

　問題を提示して，すぐに答えだけを尋ねてみる。「何本できると思うか」の質問に対する答えだけを，ノートにメモさせてもよい。式は分からなくても，説明がうまくできなくても，答えは出せるという子がたくさんいるはずだ。この段階ではそれができればよしとしたい。

本時の目標

・包含除の場面で，答えの求め方を考え，説明することができる。
・20÷5の答えを求めるときに，かけ算九九の5の段を考えればよいことを理解する。

○月□日（△）

20mのロープがあります。
このロープを5mずつに切って
長なわをつくります。
長なわは何本できるでしょうか。

何算で答えを求めるのかな？
ひき算、かけ算、わり算

どうしてわり算だと思ったの？

・同じ長さずつ分けているから。
　（5m）
・20÷5だと思う。
・答えはひき算でもとめた。
　答えはかけ算でもとめた。

---

2 何算を使ったのかな？

ひき算を使ったよ

ぼくは，かけ算だよ

わり算でもできるんじゃないの

　「ひき算」や「かけ算」という考えが，「わり算」の答えの求め方の説明に使える。なかには，「たし算」と言う子もいると思われる。

---

3 どうしてわり算だと思ったの？

同じ長さずつに分けるから，わり算だと思います

20mを5mずつに分けるから，20÷5です

　前時に包含除の問題を扱っているので，その問題と構造が同じことから，わり算で立式できることを確認する。

---

1 かけ算

2 時こくと時間

3 わり算

4 たし算とひき算の筆算

5 長さ

6 あまりのあるわり算

7 大きな数

8 かけ算の筆算

9 円と球

本時の評価

・連続量を扱う包含除の文章題を読み，わり算の式になることを理解できたか。また，場面に合った答えの求め方を説明できたか。
・20÷5の答えを，5の段の九九で答えが20になるときを考えればよいことを理解できたか。

まとめ

・同じ長さずつ何回とれるかを考えている→わり算
・わり算の答えは、ひき算やかけ算を使ってもとめることができる。

わり算の式

→ 　20÷5＝4
　　　答え　4本

ひき算を使った考え方

1本　20－5＝15 ①
20m / 5m のこりは 15m

2本　15－5＝10 ②
5m 5m 10m

3本　10－5＝5 ③
5m 5m 5m のこりは 5m → 4本目

4本　5－5＝0 ④

かけ算を使った考え方

1本の長さ　本数　元のロープの長さ
↓ ↓ ↓
5 × 4 = 20

20÷5の答え

5mずつ4回ひくと0mになる

5mの長なわが4本できる。

---

4 「4本」という答えの求め方を説明してみましょう

ひき算やかけ算を，どんなふうに使ったのかな？

20から5を何回引けるか，を考えてみたよ

5×□＝20の□に当てはまる数を考えたよ

上の板書では，中央にあるひき算の式と右側の図を対応させている。最後の図（3本のところの図）は5×4＝20の式とみることができる。

まとめ

「わり算」を知ってまだ間もない子どもたちなので，本時の問題の場合も，答えを求めるときにはひき算やかけ算といった既習の演算を用いたり，図を使って考えたりしている。そのときに使った方法が，そのまま20÷5の計算の仕方を説明していることになるので，それをわり算の式と結び付けてあげるようなまとめをしていきたい。

本時案

わり算の絵本を
つくろう！

本時の目標

・わり算の文章題と絵と式が合うように，絵本
をつくることができる。

授業の流れ

1 わり算の絵本をつくりましょう

- 画用紙を2つに折って，4ページの絵本をつくります
- 1ページ目には，問題文を書きます
- 2ページ目には，分ける前の絵を，3ページ目には，分けた後の絵をかきます
- 4ページ目には，式と答えを書きます

子どもが自分でわり算の場面と数を決め，文章題→絵→式という順序の絵本をつくることにする。

はじめに，教師が例を示しながらつくり方を説明し，あとは子どもたちの個人作業になる。

○月□日（△）

わり算の絵本をつくろう。

問題
6このりんごを
2人で同じ数
ずつ分けます。
1人分は何こ
でしょうか。

①

---

2 どんなお話にしようかな？

「わり算の絵本」であるから，別の演算を使って解く問題ではいけない。子どもはここで，「わり算の問題って，どういう場面の問題だったかな？」と振り返ることになる。

このときに，等分除の場面を思い浮かべる子と，包含除の場面を思い浮かべる子がいる。ここでは，どちらでもよいことにする。次時の活動につなげるためである。

3 絵とお話が合っているかな？

子どもがつくる絵本を見ると，問題がわり算の場面ではないことがある。

また，問題文はわり算の場面であっても，絵が問題文と合っていないことがあったり，式が問題文と合っていなかったりすることもある。

数値が大きすぎても絵をかくときに困るので，アドバイスしてあげるとよい。

1
かけ算

2
時こくと時間

3
わり算

4
たし算とひき算の筆算

5
長さ

6
あまりのあるわり算

7
大きな数

8
かけ算の筆算

9
円と球

・わり算の文章題をつくることができたか。
・つくった文章題に合う絵や式をかくことができたか。
・進んでわり算の場面を見つけることができたか。

・画用紙（八つ切り画用紙の半分程度を各自に数枚）

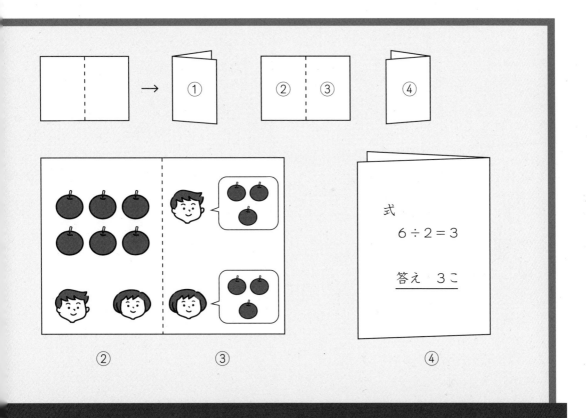

式
$$6 \div 2 = 3$$

答え　3こ

4 どんなお話を書いているのかな?

できた絵本を紹介します

そうか, そんなお話もつくれるね

　早くでき上がった絵本があれば, 紹介する時間をとってあげてもよい。お話が思い浮かばない子にとって, 他の子の作品がヒントになることもある。

ページ構成について

問題
6このりんごを
2人で同じ数
ずつ分けます。
1人分は何こ
でしょうか。

　4ページの構成を次のようにしてもよい。
①表紙…「○÷△の本」のようなタイトルと作者名を書く。
②文章題
③分ける前の絵
④分けた後の絵と式
　他にも, 見やすさや目的などを考慮して, 工夫するとよい。

本時案

どちらの仲間かな？

本時の目標

・わり算には等分除と包含除があることを理解し，その違いを区別することができる。

授業の流れ

1 わり算の絵本を2つの仲間に分けます

| 8枚のカードを… | 12dLのジュースを… | 15cmのリボンを… | みかんが8こありました。 |

この絵本の問題は，どちらの仲間でしょうか？

貝殻を10こひろいました。…

前時につくった絵本を，2つの種類に分ける。等分除と包含除に分けるのだが，はじめはどのような種類に分類しているのかは示さずに，問題文をもとに子どもに考えさせる。

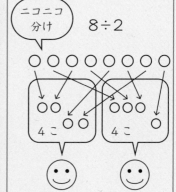

○月□日（△）

わり算の絵本を2つのなかまに分けます。

1人分（1つ分）をもとめる問題

ニコニコ分け　　8÷2

4こ　　4こ

2人で分ける → 1人分は何こ？　　8÷2

8まいのカードを2人で同じ数ずつ分けました。1人分は何まいですか？

---

2 右のグループの仲間だと思う

貝殻を10個拾いました。1袋に5個ずつ詰めると袋はいくつ必要でしょうか。

だってね……

子どもたちは，右と左のどちらの仲間に入るかを選択し，その理由を言う。

例えば，「同じ数ずつ分けているから右の仲間」「いくつに分けられるかを尋ねているから右の仲間」といった具合である。

子どもたちは，文だけではなく絵の違いからも判別する。

---

3 では，左はどんな仲間なのかな？

左は，「同じずつ分けました」という問題のグループ

左は「1人分」を求める問題で，右は「いくつに分けられるか」を求める問題

分類の観点として，等分除と包含除の違いを子どもの言葉で表現するので，それを板書していく。

また，その違いを絵本の絵の違いでも確認しておきたい。

1
かけ算

2
時こくと時間

3
わり算

4
たし算とひき算の筆算

5
長さ

6
あまりのあるわり算

7
大きな数

8
かけ算の筆算

9
円と球

本時の評価

・等分除と包含除の違いを，自分たちの分かる言葉や図などで表現することができたか。
・自分のつくった絵本の問題が，等分除と包含除のどちらなのかを判別することができたか。

準備物

・前時につくった絵本（提示する絵本は，事前に等分除と包含除に分類しておく）

この絵本の問題はどちらのなかま？

貝がらを 10 こひろいました。
1ふくろに 5 こずつつめると
ふくろはいくついひつようでしょうか。

12dL の
ジュース
を 3 人で
同じりょうずつ
分けました。
1 人分は
何 dL
ですか？

12 ÷ 3

15cm の
リボンを
3 cm ずつ
分けました。
何本に分け
られる
でしょうか。

15 ÷ 3

みかんが
8 こあり
ました。
1 人 2 こ
ずつ分けると
何人に
分けられる
でしょうか。

8 ÷ 2

いくつ分をもとめる問題

8 ÷ 2

ドキドキ
分け

1 人　2 人　3 人　4 人

1 人に 2 こずつ分ける
↓
何人に分けられる？

4 それぞれ，どんな分け方をしたか，振り返ってみましょう

左は，トランプみたいな配り方をしたね

右は，2 個ずつまとめて配っているね

　同じ式（板書例は 8 ÷ 2）になる問題の等分除と包含除の問題を取り上げ，それぞれの配り方をおはじきを使って確認する。そして，違いを捉えさせる。

まとめ

　等分除と包含除を，子どもがイメージしやすい言葉でまとめておくとよい。
　例えば，等分除はみんなが同じ数ずつもらえて，みんなニコニコするから「ニコニコ分け」。包含除は，もらえる個数はみんな同じではじめから分かっているけど，そこにいる全員がもらえるかどうか分からない。ドキドキしながら待つから「ドキドキ分け」というような名前が考えられる。
　この後の授業でも「この問題はニコニコ分けかな？　ドキドキ分けかな？」のように確認することができるし，立式にも役立つ。

本時案

どんな答えに
なるのかな？

授業の流れ

1 問題文の□の中には，0，3，6のどれかが入ります

箱の中にクッキーが□枚入っています。3人で同じ数ずつ分けます。1人分は何枚になりますか？

6や3のときは答えが求められるけど，0のときは式がつくれるのかなあ？

「?」が書いてある封筒の中には，0と3と6の数字カードが入っている。この中から1枚を選び，問題文の□に入れて答えを求めるという設定である。

封筒の中のカードの種類を伝えると，「0のときはできない」と考える子がいる。

○月□日（△）

はこの中にクッキーが□まい入っています。
3人で同じ数ずつ分けます。
1人分は何まいになりますか。

□＝6のとき
6÷3＝2
答え 2まい

3のだんの九九で考えると3×2＝6

0 3 6

2 □の中が6のときは，どんな式になるのかな？

6枚を3人で分けるから，式は，6÷3＝2

□が3のときは，3÷3＝1だよ

□＝6，□＝3のときについて，復習を兼ねて立式し，答えの求め方も確認する。このときの図などが，□＝0のときにも使える。

3 □＝0のときについて，考えてみよう

式は，0÷3でいいのかな？

クッキーは0枚だから，3人で分けられないよ

1人分は0枚だよ

実際の生活場面では「ないもの（0枚）を分ける」ということはありえないので，0÷3と立式することに子どもは戸惑いを感じるだろう。けれども算数では，この場合も「0÷3＝0」と立式し，答えは「0枚」になることを図などを使って確かめる。

1 かけ算

2 時こくと時間

3 わり算

4 たし算とひき算の筆算

5 長さ

6 あまりのあるわり算

7 大きな数

8 かけ算の筆算

9 円と球

本時の評価

・０÷３や６÷１の具体的な場面を思い浮かべ，答えを求めることができたか。また，その答えになる理由を説明できたか。

準備物

・（数字カードを入れる）封筒
・０，３，６の数字カード
・おはじき

□＝３のとき

３÷３＝１

答え　１まい

１人分は
１まい

３まい

```
おかしい、
式にできるの？
```

□＝０のとき

０÷３＝０

答え　０まい

３人とも
０まい

０まい

６÷１の問題がつくれるかな？

ア、クッキーが６まいあります。

1人で同じ数ずつ分けると

１人分は何まいですか？

１人分は
６まい

６÷１＝６

イ、クッキーが６まいあります。

１人に１まいずつ分けると

何人に分けられますか？

６人に
分けられる

６÷１＝６

---

4 ６÷１の問題はつくれるかな？

```
０÷３は簡単だったよ
```

```
じゃあ，６÷１も簡単かな？
```

```
簡単だよ
```

```
６÷１で答えを求める問
題って，どんな問題なの？
```

　式が６÷１となる等分除の問題（ア）と包含除の問題（イ）を子どもにつくらせて，どちらの場合も答えが６になることを確認する。

まとめ

・０はどんな数で割っても答えは０である。（０÷□＝０　ただし，□は０以外の数）

・どんな数を１で割っても，答えは割られる数になる。（○÷１＝○）

※「３÷０＝？」のような疑問をもつ子がいるが，０で割ることはできないその理由を３年生が理解するのは難しいと思われるので，深入りしない方がよいだろう（子どもから出ない場合は触れない方がよい）。

本時案

どちらも 2 倍に なっているよ

8/10

本時の目標

・わり算の答えの求め方を確かめる。
・被除数と除数の両方を 2 倍しても答えは変わらないことに気付く。

授業の流れ

1 今日は，わり算の計算練習をします

1 問目。18÷3＝？

6 です

答えはどのようにして求めたのかな？

　18÷3 の答えの求め方をいろいろと出させてみる。想定する文章題によって，等分除と包含除の両方の説明が考えられる。子どもからどちらも出てくることを期待したい。また，図を使った説明や式を使った説明など，本単元で学習してきたことを振り返りながら，これまでの授業で出てきた説明がいろいろと思い出されるとよい。

〇月□日（△）

わり算の計算練習

どうやって答えを出したのかな

① 18 ÷ 3 ＝ 6
わられる数　わる数　答え

⑦ 6 × 3 ＝18

⑦ 3 × 6 ＝18

わる数 × 答え＝わられる数

⑦
1 （〇〇〇）
2 （〇〇〇）
3 （〇〇〇）
4 （〇〇〇）
5 （〇〇〇）
6 （〇〇〇）
↑
答え

⑪
18－3＝15　1 回目
15－3＝12　2 回目
12－3＝9　3 回目
9－3＝6　4 回目
6－3＝3　5 回目
3－3＝0　6 回目 ←答え

6 回目で全部がなくなりました。

---

2 2 問目です。36÷6 ＝？

6 です

あれ，1 問目と同じ答えだよ

　答えが 1 問目と同じになることに気付く子がいる。被除数と除数がそれぞれ 2 倍になっていることに気付く子はここではいないかもしれないが，まだ触れなくてよい。

---

3 3 問目です。12÷2 ＝？

また，答えが 6 だ

次も，答えは 6 じゃないのかな？

4 問目です。24÷4 ＝？

やっぱり 6 だ

あ，面白いことに気付いたよ

---

1 かけ算

2 時こくと時間

3 わり算

4 たし算とひき算の筆算

5 長さ

6 あまりのあるわり算

7 大きな数

8 かけ算の筆算

9 円と球

本時の評価

・わり算の答えの求め方を確かめるときに，等分除の見方と包含除の見方があることを思い出すことができたか。

・答えが6になるわり算を並べたときに，被除数と除数の両方が2倍になっていることなど式の数の共通点に気付き，答えが6になるわり算を他にもつくることができたか。

オ

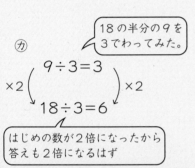

カ

18の半分の9を3でわってみた。

$9 \div 3 = 3$

$\times 2$ ( ) $\times 2$

$18 \div 3 = 6$

はじめの数が2倍になったから答えも2倍になるはず

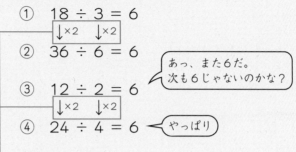

① $18 \div 3 = 6$

$\downarrow \times 2$ $\downarrow \times 2$

② $36 \div 6 = 6$

あっ、また6だ。次も6じゃないのかな？

③ $12 \div 2 = 6$

$\downarrow \times 2$ $\downarrow \times 2$

④ $24 \div 4 = 6$ ← やっぱり

〈気づいたこと〉

・わられる数もわる数もどちらも2倍になっている。

・わられる数が6のだん

→他にも答えが6になる式がつくれるよ！

$6 \div 1 = 6$

$30 \div 5 = 6$

$42 \div 7 = 6$

$48 \div 8 = 6$

$54 \div 9 = 6$

4 どちらも2倍になっているよ

 どういうことかな？

　答えが同じ計算が4回も続くと，「何か共通点があるかもしれない」と思い始める子が出てくる。そして，③と④を比べ，被除数と除数がどちらも2倍になっていることに気付く子がいる。そこで①と②に目を向けてみると，そこにも同様のことが言える。

　①と②，③と④の間の×2は，ここで書き込む。

具体的な場面で考えてみる

　「被除数と除数がどちらも2倍になっても答えは変わらない」ということは，具体的場面で考えると，「分けるあめの数が2倍になって，分ける人数が2倍になっても，1人分は変わらない」「分けるあめの数が2倍になっても，1人分のあめの個数が2倍になれば，分けられる人数は変わらない」ということである。

　具体的な場面に置き換えてみると納得できることが，計算のきまりとして文章で表現されると分かりにくくなることがある。子どもの分かり方に合わせて理解させたい。

本時案

30枚の色紙を分けよう！

本時の目標

・答えが2桁になるわり算の計算で，簡単な場合について，その計算の仕方を考えることができる。

授業の流れ

1 □の中に，どの数を入れたいですか?

30枚の色紙を□人で同じ数ずつ分けます。1人分は何枚になりますか?

| 1 | 2 | 3 | 4 | 5 | 6 |

式は，30÷□になる

□が1だと簡単だね

□に入れたときに答えがすぐ分かる数を，1から6の中から選ばせる。

はじめに，1，5，6を入れた場合の式と答えを確認する。これらは，かけ算九九の逆で答えが求められる数である。

○月□日（△）

30まいの色紙を□人で
同じ数ずつ分けます。
1人分は何まいになりますか。

□の中にどの数を入れたいですか?

| 1 | 2 | 3 | 4 | 5 | 6 |

1	30÷1=30	30まい
5	30÷5=6	6まい
6	30÷6=5	5まい

---

2 □が3のときも答えが求められるかな?

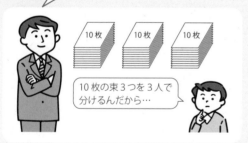

10枚の束3つを3人で分けるんだから…

30枚は10枚の束の3つ分。3つの束を3等分すると，1人分は1束となる。0を取るとか付けるというような形式的な処理の説明で終わらないようにしたい。

3 □が2のときはどうだろう?

ここも，10枚の束を使って説明できる。

⑦は，「÷2」は「半分にすること」だから，直感的に「15枚」が頭に浮かんだ。

①は，3つの束をそれぞれ半分にして5枚。1人分は，その3つ分（5×3）と考えた。

⑦は，2人にはじめに1束（10枚）ずつ配り，残った1束を半分にした5枚を加えるという考え方である。

1 かけ算

2 時こくと時間

3 わり算

4 たし算とひき算の筆算

5 長さ

6 あまりのあるわり算

7 大きな数

8 かけ算の筆算

9 円と球

本時の評価

・30÷3の計算の場合，30を10の3つ分とみて計算することができたか。

・36÷3の計算の場合，36を30と6に分けて計算する方法について理解できたか。

準備物

・色紙10枚の束を3束と6枚（あるいは，その絵。黒板にかいてもよい）

□ = 3 のとき

30÷3＝10

〈考え方〉

3つのたばを3人で分ける

3÷3＝1

㋐

㋑ 10×3＝30 だから

㋒ 3のだんの九九を考えた。

3×10＝30

むずかしい！

□ = 2 のとき

30÷2＝15

〈考え方〉

㋐ 30の半分は15

㋑ 10÷2＝5

　5×3＝15

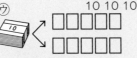

　10 10 10

㋒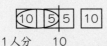

　10÷2＝5

　10＋5＝15

1人分　10

6まいふえた

色紙のまい数が36まいにふえました。3人で同じ数ずつ分けると1人分は何まいになりますか。

（式）　36÷3

㋐ 3のだんの九九で答えが36になるときを考えると…

㋑ 30まいから6まいふえた
6÷3＝2だから
1人分は2まいふえる。

10＋2＝12
（30÷3）（6÷3）

1人分は12まい

36を30と6に分けて30÷3と6÷3を計算して，あとからたすとよい。

---

4 36枚を3人で分けると1人分は？

式は36÷3になる

30÷3＝10だったね。はじめの枚数が6枚増えたんだね

増えた6枚を3人で分けると，1人分は2枚増えたことになるよ

　30÷3の結果を使って答えが求められるとよい。

数値について

　本時は，2桁÷1桁で，答えが2桁になる計算について考える場面である。かけ算九九の範囲を超える計算であるが，30÷3は10を単位として考えられるとよい。

　また，36÷3は，被除数を十の位の30と一の位の6に分けると，それぞれが除数の3で割り切れる。形式的に処理するのではなく，㋑のような見方・考え方ができるとよい。30÷2は，本来は4年生の内容なので，扱わなくてもよいのだが，「÷2」は「半分にする」ことなので，㋐〜㋒のように考えることを期待したい。

どのように
分けるのかな？

本時の目標

・48を 2 で割る計算の仕方について考える。
・12枚ずつ 4 つの袋に分かれていることを利用した計算の仕方を見いだすことができる。

授業の流れ

1 1 袋に何枚入っているのかな？

全部の袋に同じ枚数ずつ入っているの？

全部 12 枚ずつ入っています

　条件不足の問題である。答えを求めるために必要な条件について，子どもと受け答えをしながら問題場面を整理し，絵でも表す。
　次の 2 つの質問が子どもたちから出ることを期待したい。
① 1 袋に何枚入っているか？
② 全部同じ枚数か？

○月△日

はるこさんと、なつみさんは、
2 人でパーティーを開きます。
クッキーを4ふくろ用意しました。
クッキーを同じ数ずつ分けると、
1 人何まいずつもらえるでしょうか。

○知りたいこと
① 1 ふくろにクッキーは何まい入っているの？→12 まいずつ
② 全部のふくろに同じまい数ずつ入っているの？→全部同じ

4 つの袋に分かれているという場面設定により，新たな発想が生まれることが期待できる。

2 よしこさんはどのように考えたのかな？

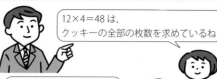

12×4＝48 は，クッキーの全部の枚数を求めているね

48 枚を 2 人で分けるから，48÷2 を計算したんだね

　袋の中身を 1 つの大きな器に入れて，それを 4 人で等分するというイメージである。

3 ゆうたさんやたかおさんは，どんなふうに考えたのかな？

ゆうたさんの 4÷2 は，「4 つの袋を 2 人で分けた」という式だね

たかおさんの 12÷2 は，「1 つの袋に入っている 12 枚を 2 人で分けた」という式だ

　式を図や言葉などと対応させながら，考え方を確認していくようにする。

1	かけ算
2	時こくと時間
3	わり算
4	たし算とひき算の筆算
5	長さ
6	あまりのあるわり算
7	大きな数
8	かけ算の筆算
9	円と球

本時の評価

・48÷2 の計算の仕方を考えることができたか。
・総数を求めてから計算する考え方と，袋に入ったままで等分する考え方の違いを理解することができたか。

準備物

・おはじきが12個入った封筒を 4 袋

1人分のクッキーの数のもとめ方を考えよう。　　3人の考え方のちがうところはどこだろう。

よしこさんの式
12×4＝48
48÷2＝24
答え　24 まい

全部のクッキーのまい数
48 まい

2人で同じ数ずつ分ける

全部のクッキーのまい数をもとめてから

ゆうたさんの式
4÷2＝2
12×2＝24
答え　24 まい

1人2ふくろもらえるよ

2ふくろ分のクッキーの数

12＋12＝24でもいいね。

先にふくろのまま分けてから

たかおさんの式
12÷2＝6
6×4＝24
答え　24 まい

1ふくろを2人で分けた

4ふくろ分を合わせると

先に1つのふくろを2つに分けてから

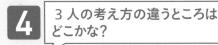

はるこさん　なつみさん

48 まい

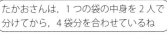

---

4 3人の考え方の違うところはどこかな?

ゆうたさんは，クッキーを袋から出さずに，袋のまま分けているね

たかおさんは，1つの袋の中身を2人で分けてから，4袋分を合わせているね

3人の考え方との違いを確認し，言葉で板書に残しておくようにする。

まとめ

48÷2 の答えを求めるときに，48を40と8に分け，それぞれを2で割る計算の仕方は既習である。本時は，問題場面を限定することによって，新しい計算の仕方を見出すことができた。そのことをまとめさせるために，まとめの書き出しを次のようにしてみる。

「48枚のクッキーが，4つの袋に12枚ずつ分かれて入っていると考えると，48÷2 の計算は，次のように考えることもできます。それは…」

4年生で学習する「答えが2桁になるわり算」の計算の仕方を考えるときに，ここでの見方・考え方が生きてくると期待できる。

4 たし算とひき算の筆算 （8時間扱い）

単元の目標

・3位数や4位数の加法及び減法の計算の仕方を考える。
・3位数や4位数の加法及び減法の筆算の仕方を理解し，正しく計算できる。

評価規準

知識・技能	○3位数や4位数の加法及び減法の筆算の仕方を理解する。 ○加法及び減法の計算が正しくできる。
思考・判断・表現	○2位数などについての基本的な計算を基にして，3位数や4位数の加法及び減法の計算の仕方を考えることができる。 ○加法及び減法の筆算の仕方を，既習の数の見方を活用したり，具体物や図などを用いたりして説明することができる。
主体的に学習に取り組む態度	○3位数や4位数の加法及び減法の計算の仕方を，進んで考えたり説明したりする。 ○数字カードを使った筆算づくりを楽しむ。また，共通点を見いだそうとしたり，答えが最大（最小）になる理由を考えようとしたりする。

指導計画 全8時間

次	時	主な学習活動
第1次 3桁のたし算	1	じゃんけんゲームを行い，結果を数で表す。また，隣の子との合計ダル数を求める。
	2	ダルカードを使って，3桁＋3桁の筆算の仕方を考える。
第2次 3桁のひき算	3	ダルカードを使って，3桁−3桁の筆算の仕方を考える。
	4	3桁−3桁で繰り下がりが2回ある筆算の仕方を，ダルカードを使って考える。
第3次 数字カードを並べて	5	1〜6の数字カードを並べて3桁＋3桁の筆算をつくる。そして，答えが最大（最小）になる場合を考える。
	6	1〜6の数字カードを並べて3桁−3桁の筆算をつくる。そして，答えが最大（最小）になる場合を考える。
	7	0〜9の数字カードを並べて3桁＋3桁＝3桁の筆算をつくる。できた筆算の中に，共通点を見いだす。
	8	4桁＋4桁の筆算をつくり，その答えと5000との差が小さいペアが勝ちになるゲームを行う。

1 かけ算

2 時こくと時間

3 わり算

4 たし算とひき算の筆算

5 長さ

6 あまりのあるわり算

7 大きな数

8 かけ算の筆算

9 円と球

単元の基礎・基本と見方・考え方

第2学年では，2位数及び簡単な場合の3位数など（例：800＋700，500－100，234＋57，683－51）の加法及び減法について，計算の仕方を考えたり計算に関して成り立つ性質を見いだしたりする学習を行ってきている。

第3学年では，第2学年までの計算を基にして，3位数や4位数の加法及び減法の計算の仕方について考える。

⑴ 2位数同士の計算を基にして考える

第2学年までに学習した計算を基に，3位数同士の加法の計算の仕方について考えてみる。

例えば，237＋128の計算は，37＋28と200＋100を組み合わせたものとみることができる。37＋28の計算も200＋100の計算も，第2学年で学習したものであるから，これを組み合わせることによって，自分たちで答えを求めることができる。

また，37＋28の計算をするときには，37と28をそれぞれ十の位と一の位とに分けて計算し，後からその合計を求めればよいことを第2学年で学習している。このことから，3位数同士の場合も，百の位，十の位，一の位に分け，それぞれ計算すればよいと考えることができる（計算が苦手な子には，右のように部分和を書く形式も伝えてあげるといい）。

```
   237
 + 128
─────────
    15    7+8
    50    30+20
 + 300    200+100
─────────
   365
```

このような数の見方や計算についての考え方を，減法の場合も，4桁に桁数が増えた場合にも，同様に働かせるようにしたい。

⑵ 3位数同士の加法

桁数が増えると，繰り上がりの回数が多くなる場合がある。3位数＋3位数＝3位数の計算を，繰り上がりの回数で大別すると，次のア～エの4つに分けることができる。

ア 繰り上がりなし	イ 繰り上がり1回	ウ 繰り上がり1回	エ 繰り上がり2回
345 +123	345 +126	345 +173	345 +176

さらに，オのように，位ごとに見ると十の位は繰り上がりがないように見えるが，一の位から繰り上がってくることによって，十の位から百の位への繰り上がりが生じる場合もある。

オ 繰り上がり2回

```
  345
+ 156
```

答えが4位数になる場合も含めると，計算のパターンはさらに増え，それによって子どもにとっての難易度は変わる。

⑶ 3位数同士の減法

減法の場合も，加法と同じように，第2学年までに学習した2位数同士の減法を基にして3位数同士の減法について考えていくことになる。

501－156のように被減数に空位の0がある場合，一の位が引けなくて十の位から借りてきて引こうとするのだが，十の位が0なので困る。このとき，数の相対的な大きさを考えると，501は「十がない」のではなく「十が50個」とみることもできる。そうみることが，右のような筆算のやり方に通じていく。

```
  501
- 156
  ↓
   1
  491
- 156
```

本時案

何ダルに なったかな？

本時の目標

・ゲームのカードの枚数の合計を求める活動を通して，3桁＋3桁の筆算のイメージをもつことができる。

授業の流れ

1 工作用紙を切って，「ダルカード」をつくりましょう

これは，○○王国のお金です。一番小さい正方形が1ダルだよ

じゃあ，これが10ダルだね

大きい正方形は100ダルだ

　10cm×10cmの工作用紙を1人に5枚ずつ配る。そして，そのうちの1枚を10cm×1cmの大きさに細長く切る。そのうちの1本をさらに10等分する。

　1人分が500ダルになることを確認する。1枚ずつ全てに名前を書かせ，お財布代わりの封筒に入れさせるとよい。

○月□日（△）

ダルカードを使って
じゃんけんゲームをしよう。

100ダル	10ダル	1ダル
4まい	9本	10こ
↓	↓	↓
400	90	10

合計 500 ダル
※名前を書いておきましょう。

---

2 ダルカードを使って，じゃんけんゲームをしましょう

じゃんけんをして，パーで勝ったら100ダル，チョキで勝ったら10ダル，グーで勝ったら1ダルを1つもらえるゲームです

　ゲームのルールを説明する。

　5回じゃんけんをしたら席に戻って，持っているお金をノートに記録することにする。

3 何ダルになったかな？

えっと…

　まずは，自分の持っているお金を数えることにする。

　例えば，100ダルが3枚，10ダルが7本，1ダルが12個の場合は，382ダルということになる。

　机の上に，自分の持ち分が分かるように並べ，ノートに書いてある数が正しいかどうかを，隣同士で確認し合う。

1 かけ算

2 時こくと時間

3 わり算

4 たし算とひき算の筆算

5 長さ

6 あまりのあるわり算

7 大きな数

8 かけ算の筆算

9 円と球

本時の評価

・ゲーム終了後の自分の持ち分を、3桁の数で表すことができたか。
・隣の子との合計点数を求めることができたか。

準備物

・工作用紙（10cm×10cmを5×児童数分）

2人合わせてめざせ1000ダル！

① じゃんけんをする。

② 勝ったら、あい手から1まいもらえる。

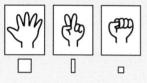

③ 5回じゃんけんをしたら終わり。

④ せきにもどって持っているお金をノートに記ろくする。

自分　714ダル

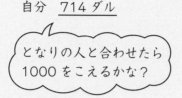

となりの人と合わせたら1000をこえるかな？

となりの子　231ダル

合わせると 714＋231＝945

$$714$$
$$+231$$
$$\overline{945}$$

1000 ＞ 945

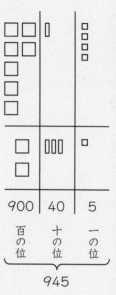

900	40	5
百の位	十の位	一の位

945

---

4 隣の子と合わせた合計を求めます。1000ダルを超えるかな？

　板書の例の場合は、714＋231＝945となる。100ダル、10ダル、1ダルをそれぞれ百の位、十の位、一の位に置き、位ごとに枚数を合わせればよいことが分かる。

　同じカードが10枚集まると、1つ上の位のカード1枚分と同じになることも確認する。これが、繰り上がりを意味する。

筆算形式につなげる

　上の板書に示したように、位ごとを線で区切って、そこにカードを並べてみる。これが、3桁＋3桁のたし算で位ごとに足すことを表している。

　3位数＋3位数の筆算はここで初めて学習するので、カードを並べた後にこれを筆算の形式に表し、対応させながら筆算の書き方を確認する。

　ゲームとしては、「1000に近いと勝ち」とか「1000を超えればよい」など、子どもたちの実態に合わせて、ルールを設定するとよいだろう。

本時案

計算の仕方を
説明しよう！

授業の流れ

1 ダルカードを使って，計算の仕方を説明しましょう

1ダルが10個集まると，10ダル1本分と同じになるね

前時のゲームの続きとして，よしこ（217）とかずお（328）の合計を求めてみる。

一の位に1ダルが15個あるので，そのうち10個を10ダル1本に両替して，十の位に1本加える。一の位は，残りの5ダルとなる。

2桁＋2桁のときと同じように計算すればよいことを確認する。

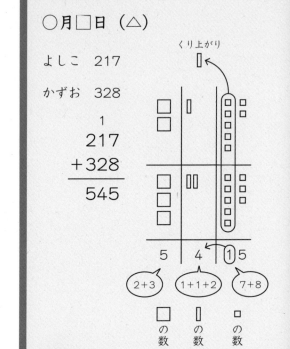

○月□日（△）

よしこ　217

かずお　328

くり上がり

```
     1
   217
 ＋328
   545
```

5　4　①5

(2＋3)　(1＋1＋2)　(7＋8)

□の数　□の数　□の数

2 たけしさんとゆいさんの合計を求めてみましょう

今度は，たけし（273）とゆい（564）の合計を求めてみる。十の位から百の位に繰り上がりがある計算である。

10ダルの棒が10本集まると，100ダルの正方形1枚分になることを，カードを使いながら確認する。10ダルの棒の本数で考えると，7＋6の答えの13のうち10が1つ上の位に上がることになる。

3 ななみさんととともきさんの合計の求め方を説明しましょう

今度は，ななみ（348）とともき（286）の合計を求める。一の位も十の位も，位の数の合計が10を超えるので，2回繰り上がりがある計算となる。

この前に行った2つの計算と考え方は同じであり，それらを組み合わせて考えればよいことを確認する。

1	かけ算	
2	時こくと時間	
3	わり算	
4	たし算とひき算の筆算	
5	長さ	
6	あまりのあるわり算	
7	大きな数	
8	かけ算の筆算	
9	円と球	

本時の評価

・3桁＋3桁の筆算の仕方を，ダルカードを用いて説明することができたか。

準備物

・前時につくったダルカード（黒板には，カードの絵を手書きでかくとよいだろう）

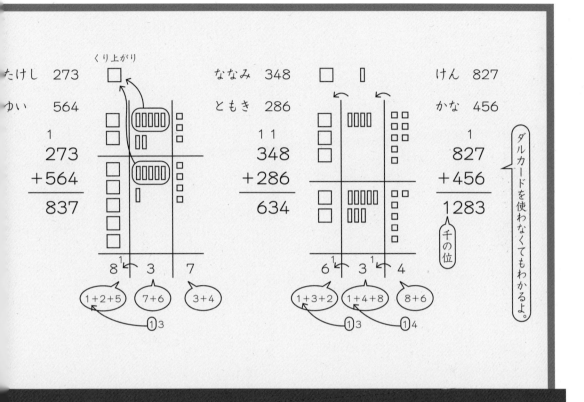

4 ダルカードを使わなくても，合計が求められるかな？

位を縦にそろえて筆算を書いて，位ごと足せばいいよ

10になったら1つ上の位に繰り上がるよ

けんさんとかなさんの合計を求める計算は，ダルカードを使わず，筆算で考えてみる。同じやり方であることを確認する。

まとめ

2年生のときに学習した2桁＋2桁の筆算と同じやり方でできるね

3桁＋3桁の筆算の場合も，2桁＋2桁と同じように，位を縦にそろえて書き，位ごとにたし算をすればよいことを確認する。

位の数が10になったら，1つ上の位に繰り上がりになるという点も，2桁＋2桁の筆算と同じである。

時間があれば，いくつか計算練習をしてみるとよい。

本時案

どの計算が簡単そうかな？

3/8

授業の流れ

1 ダルカードを使って，じゃんけんゲームの続きをします

今，持っているカードから始めます

誰が一番増えたか，または減ったかを比べます

前回のじゃんけんゲームの続きなので，最初に持っているダルカードは人によって異なる。

ゲーム開始前と終了後のカードと比べ，その増減を調べる。つまり，多い方から少ない方を引く計算をすることになる。ひき算の計算場面をつくることがねらいである。

○月□日（△）

┌─ じゃんけんゲーム ─
①今，持っているダルカードから始めます。
②ルールは前と同じです。

ゲームの前 ＿＿＿＿＿＿ダル

ゲームの後 ＿＿＿＿＿＿ダル

〈700ー591 の計算〉

⑦	⑦
700ー500＝200	591 はあと9で600
200ー90 ＝110	600 は 700 まで
110ー1 ＝109	あと 100
	100＋9＝109
上からじゅんに 計算したよ。	00 がつくと 計算がしやすい。

---

2 ノートを見ると，このような結果になった人がいましたよ

子どもたちのノートを見て歩き，いくつかの計算を取り上げる。

上の板書例では，AさんからDさんまでの4人の結果を取り上げている。

A～D は，それぞれ次のような計算になる組み合わせである。

A：下2桁が00の数から引く。
B：被減数の十の位が0で繰り下がり2回。
C：下2桁が00の数を引く。
D：繰り下がりが2回ある。

---

3 どの計算が難しそうですか？
どの計算が簡単そうですか？

A	B	C	D
700	902	814	741
ー591	ー837	ー600	ー495

Cさんの計算が簡単そう。
引く数の十の位と一の位が00だから，そこは引かなくてよいから

BさんとDさんの計算が難しそう。繰り下がりが2回あるもん

そう。特にBさんの計算が難しそう。十の位から借りられないよ

1	かけ算
2	時こくと時間
3	わり算
4	たし算とひき算の筆算
5	長さ
6	あまりのあるわり算
7	大きな数
8	かけ算の筆算
9	円と球

本時の評価

・減数や被減数の十の位と一の位が00の場合の計算の仕方を考えることができたか。
・3桁－3桁の計算の仕方を，ダルカードを使って考えたり説明したりすることができたか。

準備物

・ダルカード（児童用）

〈けっか〉だれが一番ふえた（へった）かな？

Aさん↓	Bさん↑	Cさん↑	Dさん↑
前　700	前　837	前　600	前　495
後　591	後　902	後　814	後　741
↓	↓	↓	↓

$$\begin{array}{r} 700 \\ -591 \\ \hline \end{array} \quad \begin{array}{r} 902 \\ -837 \\ \hline \end{array} \quad \begin{array}{r} 814 \\ -600 \\ \hline \end{array} \quad \begin{array}{r} 741 \\ -495 \\ \hline \end{array}$$

かんたん②　　むずかしい②　　かんたん①　　むずかしい①

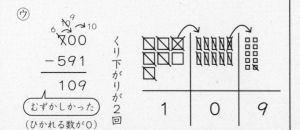

ウ

$$\begin{array}{r} 700 \\ -591 \\ \hline 109 \end{array}$$

くり下がりが2回

むずかしかった
（ひかれる数が0）

1	0	9

$$\begin{array}{r} 814 \\ -6\boxed{00} \\ \hline 214 \end{array}$$　ひく数が0

くり下がらないよ

4 では，簡単そうな計算から，答えを求めてみましょう

　子どもたちは，2年生のときに2桁－2桁の計算を学習していて，3桁＋3桁のたし算についても前時までに筆算の仕方を考えている。
　だから3桁－3桁の計算についても，同様にすればよいと考えている子は多い。
　そこで，はじめにCさんの計算を扱うが，これは百の位を引くだけなので，それほど抵抗なくできると思われる。

5 Aさんの計算の仕方を考え，説明しましょう

　700－591は，一見簡単そうにも見えるが，筆算で計算すると案外難しいことが分かる。板書のⓆに示したように，繰り下がりが2回ある計算だからだ。
　「簡単そう」と答えた子は，㋐のように上の位から順に計算していたり，㋑のように「591は600に近い数」と見て計算していたりすることがある。このような計算の工夫にも触れながら，多様な見方ができるようにしていきたい。

本時案

ダルカードで筆算の仕方を説明しよう

授業の流れ

1 昨日のひき算の残り2つの計算の仕方を考えましょう

DさんとBさんの計算だね

Dさんの741－495だったら，説明できそう

前時の4つの計算のうち，残っている計算（D：741－495と B：902－837）を筆算の形にして，計算の仕方を考える。

たし算のときと同様，ダルカードを使って説明する。繰り下がりには，お金の両替のイメージがあるが，これはじゃんけんゲームの中で自然に子どもたちが行うことである。

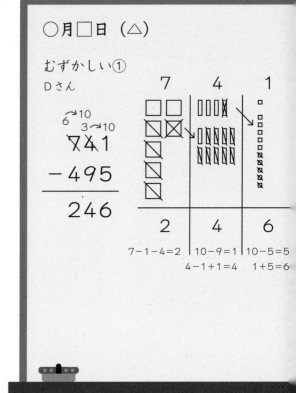

〇月□日（△）

むずかしい①

Dさん

```
    7  4  1
  ⁶→10
   3→10
   7̸4̸1
 -495
 ────
  246
```

7－1－4＝2 ｜ 10－9＝1 ｜ 10－5＝5
4－1＋1＝4 ｜ 1＋5＝6

2 ｜ 4 ｜ 6

2 741－495の筆算の仕方を，ダルカードを使って説明しましょう

2桁のひき算の筆算と同じように，一の位から順に計算していくとよさそうだね

一の位の計算は1－5だが，1から5は引けないので十の位から10借りてくることになる。10ダル1本が1ダル10個に両替され，11－5（あるいは10－5＋1）を計算すればよいことが分かる。

3 十の位も，上の数から下の数が引けないよ

今度は，百の位から借りてくればいいね

十の位は3－9となっている。今度は，百の位から100ダルを1枚借りてきて，10ダルの棒10本に替える。そして，13－9（あるいは10－9＋3）を計算して，十の位には4を書く。

百の位は6－4＝2となる。

1 かけ算

2 時こくと時間

3 わり算

4 の筆算 たし算とひき算

5 長さ

6 あまりのある わり算

7 大きな数

8 かけ算の筆算

9 円と球

本時の評価

・3桁－3桁で，繰り下がりが2回ある筆算の計算の仕方を，ダルカードを用いて考えたり説明したりすることができたか。

準備物

・ダルカード（児童用）

むずかしい②
Bさん

$$902 - 837 = 65$$

9　0　2

書かない
9－1－8＝0　　10－1＝9　　10－7＝3
0　　　　　　9－3＝6　　　2＋3＝5
　　　　　　　6　　　　　　5

---

4 Bさんの計算に挑戦しましょう

一の位を見ると，2から7は引けないよ

十の位から借りてこようと思っても，0だから借りられないよ

Bさんの902－837の計算に挑戦する。十の位から繰り下げることができないので，さらに1つ上の百の位から借りてくることにする。これをダルカードを使って説明する。

まとめ

3桁－3桁の筆算で位をそろえて書いたとき，上の数から下の数が引けないことがある。その場合は，1つ上の位から10借りてくるが，それができない場合は，さらにもう1つ上の位から借りてくることになる。

100ダル1枚が10ダル10本となり，その中の1本を一の位に借りてきて，1ダル10個とする考え方を説明できるとよい。

本時案

答えを大きく
できるかな？

本時の目標
・1～6の数字カードを並べて3桁＋3桁の
筆算をつくり，正しく計算することができる。
・上記の筆算の中で，答えが最大（最小）にな
る式をつくることができる。

授業の流れ

1 □の中に1～6の数字カードを入れて，3
桁＋3桁の筆算の問題をつくってください

どんな筆算でもいいんだよね。
じゃあ，

この筆算をノートに書き写して，答え
を書きましょう

　黒板に，板書の左側にあるような筆算の枠を
書き，その枠に1～6の数字カードを並べる。
　はじめは，指名した子に自由に問題をつくら
せる（右の板書は，ともきさんが425＋163を
つくった場合の例）。この筆算の答え合わせを
した後，2人目の子を指名する。

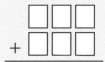

○月□日（△）

+

（1まいずつ）（全部つかう）
1～6の数字カードを□に入れて
3けた＋3けたの筆算をつくって
答えをもとめましょう。

　2番目に指名した子が，1番目の筆算より
も答えが小さくなる筆算をつくった場合は，
「答えが小さくなった」と書き，「逆に，1
番目の筆算よりも答えが大きくなる筆算はつ
くれるかな？」と返せばよい。その後は，同
じ流れで授業を進めていくことができる。

2 答えが大きくなりましたね

　2人目の子にも，自由に
つくらせる。上の板書の例で
は，さなさんが，536＋214
をつくったという設定になっ
ている。
　計算してみると答えは750
になる。はじめにともきさんがつくった425＋
163の答えの588よりも大きい答えになったの
を見て，「答えが大きくなりましたね」と言い
ながら，そのことを板書する。

3 答えをもう少し大きくできるかな？

　2問目の答えが1問目よ
りも大きくなったことを受
けて，答えが2問目よりも
もう少し大きくなる筆算が
つくれないだろうかと子ど
もに投げかけてみる。
　「挑戦してみたい」と言う
子を指名し，1～6の数字カードを並べさせ
てみる。そして，答えを確認する。答えが大き
くなったことを確認し，「大きくなった！」と
板書する。

1 かけ算

2 時こくと時間

3 わり算

4 たし算とひき算の筆算

5 長さ

6 あまりのあるわり算

7 大きな数

8 かけ算の筆算

9 円と球

本時の評価

・3桁＋3桁の筆算を正しく計算することができたか。
・答えが最大（最小）になる筆算をつくることができたか。また，最大（最小）になる理由を考えたり説明したりすることができたか（友達の説明を理解できたか）。

準備物

・1～6の数字カード

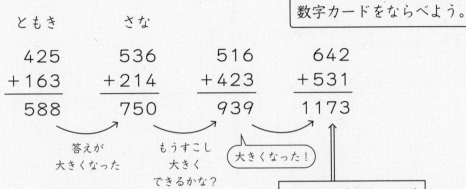

答えが一番大きくなるように数字カードをならべよう。

ともき
$$425$$
$$+163$$
$$\overline{588}$$

さな
$$536$$
$$+214$$
$$\overline{750}$$

$$516$$
$$+423$$
$$\overline{939}$$

$$642$$
$$+531$$
$$\overline{1173}$$

答えが大きくなった

もうすこし大きくできるかな？

大きくなった！

これが一番大きいはず
・上の位をできるだけ大きくすればよい
・数の大きいじゅんに百の位からカードをおいていけばよい

答えが一番小さくなる筆算は？
$$135$$
$$+246$$
$$\overline{381}$$
上の位を小さくする

4 答えが一番大きくなる筆算がつくれるよ

　3までのやりとりをしていると，「答えが一番大きい筆算をつくってやろう」と言い出す子がいる。

　この言葉を受けて，「答えが一番大きくなるように，数字カードを並べよう」というめあてを提示する。

　もし，子どもから「最大を見つけたい」という言葉が出なくても，問題の意味は伝わっているので，教師から提案してもかまわないだろう。

5 この筆算の答えが一番大きいと言えるのかな

　答えが最大になるのは，642＋531である（数字カードの上下を入れ替えると，何通りかできるが，それぞれの位の数の組み合わせは変わらない）。

　この後，この筆算の答えが最大と言える理由を考えさせてもよい。

　また，時間があれば，答えが最小になる筆算を考えさせてもよいだろう。

本時案

答えが一番小さくなる筆算をつくろう！

授業の流れ

1 ひき算の筆算をつくりましょう

昨日はたし算だったね

たし算は，カードをどういう順番で並べても問題ができるけど，ひき算はそうではないね

前時と同じように，使う数字は1〜6。これを□に入れて筆算をつくるのだが，ひき算の場合は，被減数が減数よりも大きくなければならない。そのことに気をつけて，カードを並べることにする（板書の215－436は，失敗例を示したものである）。

○月□日（△）

1 2 3 4 5 6

ひき算にちょうせん！

繰り下がりのある計算でよくある間違いについても，ここで扱い，計算の仕方を確認しておくとよい。

2 答えが一番大きくなる筆算をつくりましょう

う〜ん…

前時は，たし算で答えが最大になる式をつくっている。その流れで，本時では，ひき算で答えが最大になる場合を考えてみることにする。

筆算の上の数を大きくして，下の数を小さくすれば，その差は大きくなる。1〜6の数でできる最大の数は654で，最小の数は123なのでこれを組み合わせるとよい。

3 答えが一番小さくなる筆算をつくりましょう

簡単だよ。答えは111だよ

答えが111になる筆算をつくり，それが最小の場合だと言って安心している子がたくさんいる。ところが，「答えが69になる式ができた」というように，2桁の答えになる筆算を見つける子も出てくる。

1 かけ算

2 時こくと時間

3 わり算

4 たし算とひき算の筆算

5 長さ

6 あまりのあるわり算

7 大きな数

8 かけ算の筆算

9 円と球

本時の評価

- 3桁－3桁の筆算を正しく計算することができたか。
- 答えが最大（最小）になる筆算をつくろうとしたか。また，最大（最小）になる理由を考えたり説明したりすることができたか（友達の説明を理解できたか）。

準備物

- 1～6の数字カード

答えが一番大きい式は？　答えが一番小さい式は？

ひけない

```
  215
－436
```

上の数＞下の数になるようにしなければならないよ。

```
  654
－321
  333
```

```
  654
－123
  531
```

かんたん！答えは111だよ

```
  642
－531
  111
```

```
  426
－153
  2X73
```

くり下がりをわすれないようにしよう。

```
  426
－153
  3X3
```

下から上をひかない。

- もっと小さいのがあるよ。69ができた。
- 2けたや1けたになるかもしれない。
- 69よりも小さい答えになったよ。

---

4 そうか。答えが2桁になる場合もあるんだね

答えの百の位が0ということは，繰り下がりがあるはずだ

答えが2桁になった子の式を見せてもらい，正しいことを確認すると，まわりの子も再び考え始める。そして，「69よりも小さい答えを見つけたよ」と言う子も出始める。みんな，最小を見つけようと必死になる。

答えが最小になる筆算

答えが最小になるのは，右の筆算である。答えは47となる。

```
  412
－365
   47
```

百の位の差を1にして，被減数の下2桁をできるだけ小さくし，減数の下2桁をできるだけ大きくすると，全体の差は小さくなる。

この答えを見つけるまでに，子どもたちは繰り下がりのある計算をたくさん繰り返すことになる。それによって習熟を図ることも，ねらいの一つである。

本時案

筆算を
完成させよう！

本時の目標

・0〜9の10枚の数字カードを並べて，3桁
　＋3桁＝3桁の筆算をつくることができる。
・上記の問題で，答えの数についての共通点に
　気付くことができる。

授業の流れ

1 筆算を完成させましょう

数字カードは0〜9です。
答えの□にもカードを入れます

挑戦してみたい

簡単にできないなあ。それに，
カードが1枚あまっちゃう

　試しに思いつくままに数字カードを□に並べ
てみる。すると，右の板書の例にもあるよう
に，途中まで埋めることができたとしても完成
させるのは難しいことが分かる。

　また，□の数は9つなので，数字カードは
1枚あまることになる。そこで，完成したと
きにはあまった数字も記録しておくことにする。

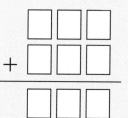

○月□日（△）

| 1 | 2 | 3 | 4 | 5 |
| 6 | 7 | 8 | 9 | 0 |

2 できたものを発表しましょう

```
 629        百の位に      385
+085        0を入れ      +406
 714        るのはな      791
残りは3     しにしよ     残りは2
            う
```

　完成したものを発表してもらったら，条件に
合っているかどうかを確かめる。
　そして，「残りの数」ごとに分類して黒板上
に並べるとよい。

3 「のこり」が0の筆算もできたよ

```
 546        634
+372       +257
 918        891
残りは0     残りは0
```

　「のこり」が0になるということは，1〜9
の数字カードを全部使っているということであ
る。この仲間の筆算は，上記以外にもたくさん
できる。

筆算を完成させよう！
090

1 かけ算

2 時こくと時間

3 わり算

4 たし算とひき算の筆算

5 長さ

6 あまりのあるわり算

7 大きな数

8 かけ算の筆算

9 円と球

本時の評価

・0〜9の10枚の数字カードを並べて，3桁＋3桁＝3桁の筆算をつくることができたか。
・答えの数についての共通点に気付くことができたか。また，それをもとに新しい筆算をつくることができたか。

準備物

・0〜9の数字カード（児童用1人1セットと提示用）

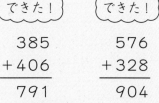

10まい

0〜9までの数字カードが1まいずつあります。下の□の中にカードを入れて，たし算の筆算をかんせいさせましょう。

おしい！

```
  629
+ 085
─────
  714
```

のこり **3**

百の位に0を入れてよければ…。

できた！

```
  385
+ 406
─────
  791
```

のこり **2**

できた！

```
  576
+ 328
─────
  904
```

のこり **1**

☆1つつくってみよう

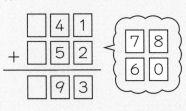

```
  □ 4 1
+ □ 5 2
─────
  □ 9 3
```

→ 7 8
  6 0

・もう入れられなくなっちゃった。
・ぜったい1まいはのこるよ。

```
  546
+ 372
─────
  918
```

のこり **0**

```
  634
+ 257
─────
  891
```

のこり **0**

のこりのカードが **0** のときは答えに使っているカードがいつも **8 9 1** の組み合わせなのかな？

---

4 いつも同じところがあるね

上の板書には，2種類しか例示していないが，もう少しデータがあれば，それを見て共通点に気付く子もいると思われる。

上の例の場合は，どちらも答えに使われている数が，8と9と1になっていることに気付く。もし，このことに気付いたら，8と9と1を並べ替えて，819や981などにしてもできるかどうか試してみたい。

まとめ

 共通の手がかりを考えよう！

筆算の答えの数に着目してみたい。
「のこり」が0の場合は，各位の数の和がいつも18になるはずである（例：8＋9＋1＝18）。
和が18になる3つの数の組み合わせは他にもある（例：4＋5＋9＝18）。その3つの数を並べ替えてみることによって，条件に合う筆算がもっとつくれるかもしれない。

本時案

5000に 近くな〜れ！

本時の目標

・「5000に近くな〜れ」のゲームを通して，4桁同士のたし算，ひき算の筆算の仕方を考える。

○月□日（△）

5000に近くな〜れ！

①となりの人とペアで。
②0〜9の数字カードから4まいずつ引く。→4けたの数をつくる。
③2人の数をたす。→たし算
④5000とどれだけはなれているか。
　　→ひき算

たかおくん　4 0 8 5
よしこさん＋　2 1 3 7
　　　　　　 6 2 2 2

6222＞5000

授業の流れ

1 「5000に近くな〜れ」をします

ペアの2人が，それぞれ4桁の数をつくり，たし算をします。
その答えが5000に近いペアが勝ちです

　板書の①から④に書いてある手順で，数をつくっていく。
　②で4桁の数をつくるときの約束も決めるとよい。約束の例を挙げておく。
・カードを引いたら一の位から順に置く。
・カードを引いたら，ペアのカードを見ずに，自分が引いた4枚のカードを並べ替える。
・2人で相談して並べる。など

2 2人の数を足しましょう

4桁のたし算だけど，計算の仕方は3桁と同じだね

一の位から足していくといいね

繰り上がりを忘れないようにしなければいけないね

　3桁＋3桁と同じように，4桁＋4桁の筆算をする。

3 2人の数の合計と5000との違いを計算しましょう

2人の数の合計が5000より大きい場合は，合計から5000を引けばいいね

　合計を求めたら，5000との差を求める。
　合計が5000よりも小さい場合は，5000から合計の数を引く計算を行う。
　ひき算の仕方は，3桁のときと同じである。

1 かけ算

2 時こくと時間

3 わり算

4 たし算とひき算の筆算

5 長さ

6 あまりのあるわり算

7 大きな数

8 かけ算の筆算

9 円と球

本時の評価

・4桁＋4桁の計算の結果と5000との差を比べるゲームを理解し，正しく計算しながら楽しむことができたか。
・4桁同士のたし算やひき算も，3桁同士の計算と同じ方法で筆算できることを理解できたか。

準備物

・0〜9の数字カード（提示用を1セット，児童用は2人で1セット）

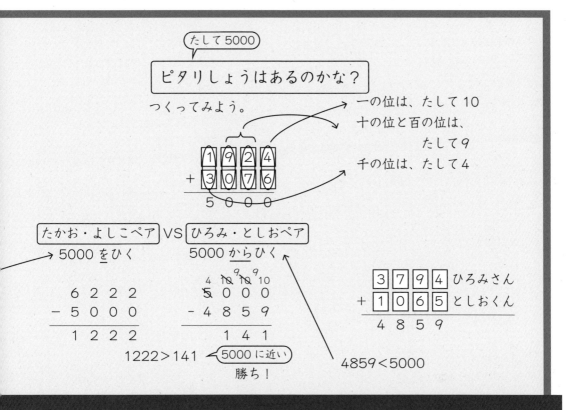

たして5000

ピタリしょうはあるのかな？

つくってみよう。

一の位は、たして10
十の位と百の位は、たして9
千の位は、たして4

	1	9	2	4
+	3	0	7	6
	5	0	0	0

たかお・よしこペア　VS　ひろみ・としおペア

5000をひく　　5000からひく

```
    6 2 2 2
  - 5 0 0 0
  ─────────
    1 2 2 2
```

```
    ⁹ 10 10 10
    5̸ 0 0 0
  - 4 8 5 9
  ─────────
      1 4 1
```

	3	7	9	4	ひろみさん
+	1	0	6	5	としおくん
		4	8	5	9

1222＞141　5000に近い　勝ち！

4859＜5000

4 ピタリ賞はあるのかな？

2人の数の合計が5000だったら，ピタリ賞です

0〜9の10枚の数字カードの中から8枚を並べて4桁＋4桁の筆算をつくり，答えが5000になるようにする。

答えの下3桁が0なので，一の位の和が10，十の位，百の位の和が9となる。そして，千の位は和が4になるようにする。

まとめ

4桁のたし算やひき算の筆算も，2桁や3桁のときと同じように計算すればいいね

桁数が大きくなっても，たし算やひき算の筆算の仕方は同じである。

そのときに，気をつけることを子どもたちに振り返らせ，まとめさせるとよい。

・位を縦にそろえて書く。
・一の位から順に計算する。
・繰り上がりや繰り下がりを忘れないようにする。

5 長さ　（6時間扱い）

単元の目標

・長い長さの単位（キロメートル（km））を知る。
・長さについて，適切な単位で表したり，およその見当をつけ計器を適切に選んで測定したりすることができる。
・長い長さの合計や違いを計算で求めることができる。

評価規準

知識・技能	○長さの単位（キロメートル（km））や測定の意味を理解している。 ○距離と道のりの意味を理解している。 ○長い長さの合計や違いを計算で求めることができる。
思考・判断・表現	○適切に単位や計器を選択して，長さを表したり測定したりすることができる。 ○1kmは100mの10倍，10mの100倍…のように，長い長さを分かる長さとの関係で捉えることができる。
主体的に学習に 取り組む態度	○身の回りのものの長さに関心をもち，進んで長さを測ったり表したりしようとする。また，長さの関係を捉えようとする。

指導計画　全6時間

次	時	主な学習活動
第1次 長い長さを測る	1	教室の縦と横の長さの比べ方を考える。
	2	巻き尺を使って，教室の縦や横，円柱状の柱のまわりの長さなどを測る。
	3	普通の歩幅で10mを歩き，何歩分になるかを調べる。
第2次 もっと長い長さの単位	4	歩測の仕方を考える。距離と道のりの違い，1kmを知る。
	5	学校のまわりの長さを測る。
	6	地図を見ながら，道のりの合計や違いを計算で求める。

1 かけ算

2 時こくと時間

3 わり算

4 たし算とひき算の筆算

5 長さ

6 あまりのあるわり算

7 大きな数

8 かけ算の筆算

9 円と球

単元の基礎・基本と見方・考え方

　長さについては，その基本的な概念は第1学年のときから学習してきている。

　第3学年では，測る対象の大きさや測る目的によって，どのような単位を用いるのがよいとか，あるいは測ろうとする物の長さがおよそどれぐらいなのかを見当づけられるようになることがねらいとなる。

　既習の長さの単位は，1mm，1cm，1mである。また，10cm，30cm，50cmや10m，50m，100mなどは，実際に物を測ったり運動場を走ったりする経験を通してその量感を捉えている。これらの長さを基準にして，その何倍かで長さの見当をつけることによって，今まで以上に長さの量感を確かなものにしていきたい。

(1)巻き尺の使用

　何mもある長さを測ろうとするときには，これまで知っている1mなどの物差しでは不便である。実際に長さを測ろうとするときに，子どもたちが「物差しを何度も使わなければならない」「正確に測ることができない」「木の幹のまわりなどが測れない」などの不便を感じ，その不便さを解消する道具の必要性を実感することを大事にしたい。必要感を抱いているからこそ，長い長さを一気に測れる巻き尺の価値がよく分かる。

　巻き尺の有用性は，主に次の2点である。

　①比較的長い直線距離が測定できる。

　②木の幹などの丸い物の長さが測定できる。

　なお，巻き尺には，右図のように0（起点）の異なる様々な種類があることにも気をつけて指導する必要がある。

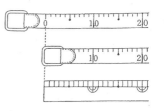

　そして，何よりも実際に巻き尺を使って長さを測定する活動を充実させることが重要である。測定する技能の習得はもちろんのこと，長さの量感を養うためにも自分の手で測定する体験が欠かせない。

(2)長い長さ

　巻き尺を用いた長さの測定を体験した子どもは，もっと長い長さを測ってみたくなる。そのような機会を捉えて，例えば，学校のまわりの長さはどのくらいになるだろう，あるいは，自分の家から学校までの長さはどのくらいであろうといった問題を設定していく。

　この段階で，例えば地図などを提示し，実際に歩いた道のりを確認するとともに，道のりと距離の意味の違いを確認する。また，長い長さでも加法や減法を用いることができるということを理解させるとともに，正しく計算処理ができるようにする。

　1kmを指導する場合，それは1000mであるとか，100mの10倍の長さであるということを覚えるだけでは意味がない。大事なことは，新しい単位である1kmという長さを，具体的な活動を通して体験することである。1kmは運動場の200mトラックの5周分であったり，学校のまわりの道路を1周したらちょうど1kmであったりするだろう。このような活動が子どもの頭の中に1つのエピソードとして残るのである。また，実際に巻き尺などを使えないような長さ（例：家から学校までの長さなど）を測る場合に，歩測を使うなどすれば楽しい学習ができる。

本時案

教室の縦と横の長さを比べよう

1/6

本時の目標

・教室の縦と横の長さの比べ方を考える。
・長い長さを測る道具として，巻き尺があることを知る。

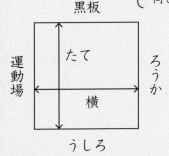

○月□日（△）

教室のたてと横の長さをくらべると，どちらが長いでしょうか。

よそう
・たてが長い…18人
・横が長い　…10人
・同じ　　　…4人

黒板

たて

ろうか

運動場

横

うしろ

授業の流れ

1 教室の縦と横の長さを比べると，どちらが長いでしょうか

縦が長いと思う

横じゃないかな？

比べる方法は？

　教室の縦と横の向きを確認した上で，「どちらが長いと思うか」を問う。見た目で判断しようとする子が多いが，なかには，床のタイルの数や天井のパネルの数，あるいは，机の数などを手がかりにして，予想し始める子もいる。

　長さを比べるだけであれば，この方法で十分である。大いに認めてあげたい。

2 長さをはっきりさせるには，どうすればよいでしょうか

床のタイルの1つの辺の長さが分かれば，かけ算で求められる

物差しを使って測ればいいよ

　このような意見が出た場合に，実際にやらせてみるとよい。実際に30cmや1mの物差しを使って測らせてみると，一度で測れる道具があった方がよいことが分かるだろう。

3 もっと長い物差しがほしい

教室の縦や横の長さを測れるような物差しはないんじゃないの

　子どもの中には，「巻き尺」という名前を聞いたことのある子もいる。どんな物か，その子に尋ねてみると，「物差しのものすごく長いものだけど，柔らかくてテープみたいに巻いてある」といった説明をする。

1 かけ算

2 時こくと時間

3 わり算

4 たし算とひき算の筆算

5 長さ

6 あまりのあるわり算

7 大きな数

8 かけ算の筆算

9 円と球

本時の評価
・教室の縦と横の長さの比べ方を考えることができたか。
・長い長さを測るための方法を工夫することができたか。

準備物
・巻き尺

長さをはかってみよう。

長さをはからなくても
くらべられるよ。

・天じょうのパネルの
数を数えると
（たて）11まい　（横）8まい

・ゆかのタイル
（たて）62　（横）47

・つくえの数を数えると
（たて）6こ入れてもまだよゆうがある
（横）ちょうど6こぐらい

長さをはかるには

・30cmのものさしだと
何度もはからなければならないからたいへん。
・1mのものさしでもまっすぐはかるのは
けっこうむずかしい。

⇓

もっと長いものさしがほしい

まきじゃく

・聞いたことがあるよ
・見たことがあるよ

・じょうぎのものすごく長いもの
・やわらかくてまいてある ←（テープみたい）

---

4 これが，「巻き尺」です

あ，見たこと
あるよ

　長い長さを測るための道具が必要になったところで，用意してあった「巻き尺」を見せる。家の工具箱や裁縫道具箱に入っているのを見たことのある子もいるが，使ったことのある子は少ないと思われる。

まとめ

　巻き尺がなくても，教室の縦と横の長さを比べる方法はいくつかある。長いひもなどがあれば，間接比較をすることもできる。
　2年生までに行ってきた長さ比べの活動も想起させながら，長い長さを測る道具として「巻き尺」があることを知らせたい。
　本時は，目盛りのついた平たい帯状のものが巻いてあることを知らせて終える。
　巻き尺のつくりや使い方の詳しい説明は次時に行う。

本時案

巻き尺でものの長さを測ろう！

2/6

本時の目標
・巻き尺のつくりや，目盛りの読み方を理解する。
・巻き尺を使って実測することができる。また，長い長さに対する量感を豊かにする。

授業の流れ

1 巻き尺を使ってみましょう

目盛りの読み方が分かるかな？

この巻き尺には，0がないよ

1目盛りが2mmになっているよ

ほとんどの子どもは巻き尺を見たことがないので，まずは巻き尺の目盛りの読み方について教える。端の部分は，巻き尺によって異なる。板書に示したように，金具の先から測るようになっているもの（上図），「0」があるもの（下図）がある。また，1目盛りも巻き尺によって異なる。確認して使わせたい。

2 教室の縦と横の長さを，巻き尺で測ってみましょう

巻き尺の目盛りの読み方を確認し終わったら，実際に使ってみることにする。ここでの目的は，巻き尺の使い方を理解しているかどうかを確かめることである。

まずは，前時の授業で扱った「教室の縦と横の長さ」を測ってみたい。「0」のところをきちんと合わせ，たるんだり斜めになったりしないように注意させたい。

○月□日（△）

まきじゃくを使っていろいろなものの長さをはかろう。

まきじゃくのはし
ここからはかる

1目もり2mm

5mmや1cmのものもあるよ

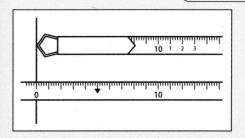

はじめに，巻き尺の端の部分を，実物投影機などを使って見せるとよい。プロジェクターで黒板に映し，チョークでなぞりながら説明を書き加えてもよいだろう。

3 班ごとにいろいろな長さを，巻き尺で測ってみましょう

巻き尺の使い方が理解できたところで，いろいろな長さを測らせてみたい。

板書に示した例の場合は，次のように行っている。

・8つの班（4人ずつ）に分かれて測る。
・調べる場所は3カ所（①〜③）。スタート場所を指定し，1カ所に集中しないようにする。
・「予想」と「結果」を記録する。

1	かけ算
2	時こくと時間
3	わり算
4	たし算とひき算の筆算
5	長さ
6	あまりのあるわり算
7	大きな数
8	かけ算の筆算
9	円と球

本時の評価

・巻き尺の使い方を理解し，長い長さを正しく測ることができたか。
・目測で，長い長さの見当をつけることができたか。
・巻き尺での測定に興味をもち，進んで取り組んだか。

準備物

・巻き尺（2〜4人に1つ）

教室のたてと横の長さ

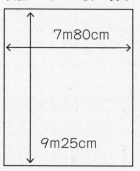

7m80cm

9m25cm

◎走りはばとび
男子の世界記録8m95cm

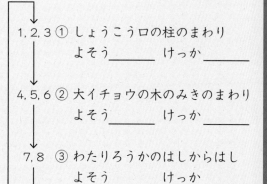

◎グループではかりに行きます。

1, 2, 3 ① しょうこう口の柱のまわり
　　　　　よそう_____　けっか_____

4, 5, 6 ② 大イチョウの木のみきのまわり
　　　　　よそう_____　けっか_____

7, 8 ③ わたりろうかのはしからはし
　　　　　よそう_____　けっか_____

はん	1	2	3	4	5	6	7	8
①								
②								
③								

> 測る場所は，学校の実態や目的によって選ぶ必要がある。特に，木の幹のまわりの長さは，測る部分によって異なるため，正確さを求める場合はふさわしくない。ここでは，長さの量感を育てることを目的として，測る場所の一つに入れている。

---

4 測った結果を，表に書きましょう

　①〜③の長さを調べ終わったら，教室に戻り，黒板の表に結果を書き込むように指示しておく。
　①や③の結果は，どの班の結果もほぼ同じになるはずである。
　何十cmもの違いがある場合は，その班の測り方に問題があったということも考えられる。その場合は，もう一度，測り方を確認してみる必要がある。

まとめ

 走り幅跳びの世界記録は教室の端から端ぐらいまで跳ぶんだって。すごいね

　本時の活動では，巻き尺の使い方を教えるだけでなく，「巻き尺は，柱のまわりのような曲線部分の長さも測ることができる」ことを理解させたり，長い長さの量感を育てたりすることにも留意したい。
　陸上競技の幅跳びや高跳びなどの世界記録を，実際の長さと比べてみるような活動も有効である。

本時案

10m は何歩分かな？

本時の目標

・巻き尺を使って，10m を測ることができる。
・10m の長さを感覚的につかむことができる。
・歩測でおよその長さを知ることができることを理解する。

○月□日（△）

10mは何歩分？

① 運動場に出る（2人1組）

② スタートのしるしから 10m だと思うところにゴールのしるしをつける。

③ まきじゃくでたしかめる（長さをはかる）

④ まきじゃくではかった 10m は何歩分？

⑤ 運動場のたての長さは何歩分？

（④⑤ ノートに書く）

授業の流れ

1 普通に10mを歩くと，何歩になると思いますか？

10歩ぐらいかなあ

もっとあると思うよ

普通の歩幅で10m を歩くと何歩になるかを予想させる。その後，運動場に出て実際に調べてみるという活動を行う。

はじめに教室内で説明し，運動場に出ることにする。子どもは，第2時で測った教室の長さなどをもとにして，10m の見当付けをする。

2 10mだと思うところに印をつけましょう

このあたりかな？

運動場に出て，10m だと思うところの両端に印をつける。

その後，巻き尺を使って実際に10m を測り，印をつける。誤差がどのぐらいあるかを自分の目で確かめるのである。

3 巻き尺で測った10mを歩いてみましょう

20歩だったよ

正確に測った10m を普通の歩き方で歩いてみる。歩数を数えたら，ノートに記録しておく。

10m に印をつける作業は1人ではできないので，2人以上が組になって行う。

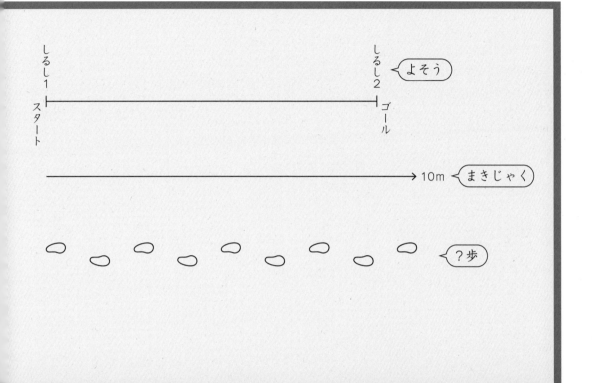

1
かけ算

2
時こくと時間

3
わり算

4
たし算とひき算の筆算

5
長さ

6
あまりのあるわり算

7
大きな数

8
かけ算の筆算

9
円と球

本時の評価

・10mの長さの位置に，印をつけることができたか。
・10mの長さは，自分の歩幅で何歩分なのかを知ることができたか。

準備物

・巻き尺（2〜4人に1つ）

しるし1
スタート

しるし2
ゴール

よそう

10m　まきじゃく

？歩

4 運動場の縦は，何歩分でしょうか？

　時間に余裕がある場合は，運動場の縦のおよその長さを調べてみたい。
　例えば，10mを20歩で歩いた子の場合は，20歩歩くごとに，10mを加算していけばよい。これは，次時の授業につながる活動である。
　なお，100mや50mを測ることのできる巻き尺がある場合には，実際に運動場の長さを測り，歩測と比べてみてもよいだろう。

まとめ

学校の中で，ちょうど10mくらいのところってどこかなあ？

　10mがどのぐらいであるかを，目測で見当づけたり，実際に歩いたりしながら感覚的に捉えられるとよい。
　また，「10mのいくつ分」と見ることによって，もう少し長い長さについても量感をもてるようにしたいものである（4年で学習する1aの正方形の1辺は10mである。そこにもつながる活動である）。

本時案

歩数で道のりを
考えよう

4/6

授業の流れ

1 10m は何歩分でしたか？

16 歩分でした

1 歩は何 cm ぐらいなのかな？

　前時の活動を振り返り，1歩の歩幅がどれぐらいなのかを考えてみる。
　「もし，10歩だったら1歩分は1mになる」ということから，10歩よりも多い場合には，1mよりも短いということが分かる。
　仮に16歩で10m歩いた場合には，□×16＝10mになる□を求めればよい。そのときに，10mは何cmなのかが話題になる。

○月□日（△）

| 10mは何歩分？ | きのう調べたよ。 |

もし、10mを10歩だったら…
1歩分は1m
歩はば

もし、10mを16歩だったら…
歩はばは？　むずかしい。
70cmくらい？

歩はば×16＝10mになればよい
10m＝ ? cm
　1m＝100cmだから、その10こ分
10m＝1000cm

2 10m は何 cm かな？

10mは1mの10個分
1mは100cmだから
……

　10mは100cmの10個分なので1000cm。このことから，10mを16歩で歩いた場合の歩幅は，□×16＝1000になる□を求めればよいことが分かる。「70cmぐらいかな？」と見当をつけて，電卓で計算してみると□＝62cmのときに約10m（992cm）になる。

3 歩数で，およその道のりが分かるね

16歩で10mということは、160歩で100mということになるね

　「道のり」と「距離」の違いを教える。
　長い道のりも，歩数を調べれば，およその道のりを知ることができる。10mの歩数の100倍である1600歩でおよそ1000m（＝1km）になることが分かると子どもたちは驚くだろう。

1 かけ算

2 時こくと時間

3 わり算

4 たし算とひき算の筆算

5 長さ

6 あまりのあるわり算

7 大きな数

8 かけ算の筆算

9 円と球

本時の評価

・歩測の仕方を考えることができたか。
・「距離」と「道のり」の違いを理解できたか。
・1000m ＝ 1km であることを理解できたか。また，km
　の単位を正しく書くことができたか。

準備物

・前時の歩測の結果

歩数でおよその道のりがわかる

16 歩 →10m
32 歩 →20m
160 歩 →100m
1600 歩 →1000m＝1km

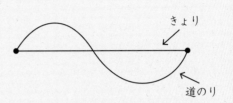
きょり
道のり

きょり…まっすぐにはかった長さ
道のり…道にそってはかった長さ

電たく

70×16＝1120
69×16＝1104
62×16＝992
歩はばはおよそ62cm

10m より
ちょっと長い

10m に近い

1000m＝1km
長い道のりなどを表す。

②はまん中より少し上くらい
から

①
②
③
1km

4 1000m を 1km と言います

運動場のトラックを
10 周分の道のりだね

　長い道のりなどを表す単位として，km があ
ることを教える。
　1000m ＝ 1km
　km の書き方もきちんと指導する。

まとめ

距離と道のりって
意味が違うんだね

距離：真っ直ぐに測った長さ
道のり：道に沿って測った長さ

きょり
道のり

1 km ＝1000m
10m ＝1000cm

本時案

学校のまわりの道のりを測ろう

本時の目標

・1kmという長さを，感覚的に捉えることができる。

授業の流れ

 1 学校のまわりを歩いてみましょう。道のりはどれぐらいかな？

これから，みんなで歩きます。道のりを予想しましょう

500mぐらいかな？

校舎の地図の略図を黒板にかき（または，拡大した地図を貼り），歩くコースを線で示す。そして，その道のりを予想させる。

（右の地図に書き込まれている長さは，学校のまわりをみんなで歩いた後に，結果を振り返りながら書き込んだもの）

子どもたちは，運動場のトラックの長さなどと比較しながら予想を立てる。

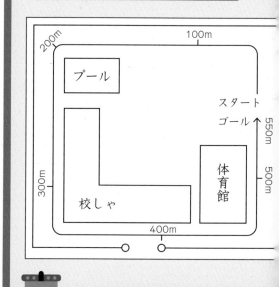

○月□日（△）

学校のまわりを歩いてみよう。

200m　100m
プール
スタート
ゴール
550m
500m
300m
校しゃ
体育館
400m

 **2** 道のりを調べるには，これを使います

何百mもの長さを巻き尺で測るのは難しい。そこで，車輪を転がして，その転がった回数によって距離を測定する器械（ロードメジャー，ウォーキングメジャーなどのような名前で呼ばれている）を使うことにする。

車輪が1周するとちょうど1mをカウントする大きさのものが，子どもにとっては分かりやすいと思われる。

3 学校のまわりの道のりを測りながら，一緒に歩きましょう

子どもたちには，歩数を数えさせたい（途中で，うまく数えられなくなる子もたくさんいる）。

また，100m，200m……のように100mおきに，地図に印をつけながら歩くとよい。

1 かけ算

2 時こくと時間

3 わり算

4 たし算とひき算の筆算

5 長さ

6 あまりのあるわり算

7 大きな数

8 かけ算の筆算

9 円と球

準備物

・距離測定器（車輪を回転させなが
ら長さをカウントする器械）

⟹ どれくらいの道のりかな？ ⟶ じっさいに歩いてみよう

よそう

500m くらい

1km くらい

2km くらい

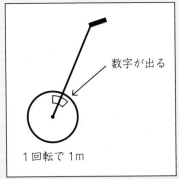

数字が出る

1回転で 1m

およそ 550m ⟨歩数は？⟩

↓

2しゅうすればおよそ 1km

⟨2しゅう目の体育館の手前くらい？⟩

運動場のトラック1しゅうは 100m

↓

10しゅうすると 1000m

＝

1km

4 学校1周の道のりは，550m で
した

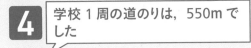

2周すれば，およそ 1kmだね

歩数は 910 歩だったよ

教室に戻ったら，黒板の地図に 100m おきに
印をつけながら，歩いた道を振り返ってみる。
「200m はちょうどプールの角のところだった
ね」「門を過ぎたところで 400m だったね」と
いうように。

まとめ

1km って結構長いね

私の歩幅で 1700 ～ 1800 歩
くらいかな？

　本時の活動は，1km ＝ 1000m という長
さを体感することである。「キロメートル」
という単位を聞いたことがあっても，その
長さを感覚的に捉えている子は少ない。
「自分たちの足で何歩ぐらい」とか，「歩く
と何分ぐらいかかる」とか，「学校からど
こまで」というような長さの捉え方をさせ
ておきたいものである。

本時案

どちらの道が
近いかな？

・長い長さのたし算やひき算の仕方を考える。
・長い長さのたし算やひき算を，単位をそろえて正しく計算できる。

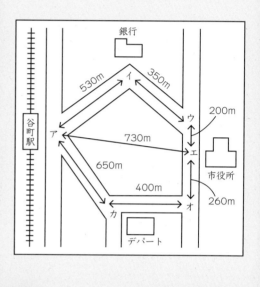

○月□日（△）

授業の流れ

1 どちらの道が近いかな？

駅から市役所に行きます。銀行の前を通る道と，デパートの前を通る道があります

銀行の前を通る方が近いよ

地図を黒板上に示し，上の問題を尋ねる。
子どもの中には，それぞれの道を，記号のついている曲がり角で3つに分け，1つ1つ対応させながら長さを比べる子がいる。
ア→イ（530m）＜ア→カ（650m）
イ→ウ（350m）＜カ→オ（400m）
ウ→エ（200m）＜オ→エ（260m）
計算しなくても左側が近いことが分かる。

2 銀行の前を通る道の方が，何m近いのかな？

道のりの合計を求めて，比べてみよう

「何m近いのかな？」と問うことで，それぞれの合計を求める計算と，差を求める計算をさせる（ **1** のように3つに分け，差の合計を計算してもよい）。
計算した結果，230m近いことが分かる。

3 駅→銀行→市役所→デパート→駅と通ると何km何mかな？

さっき求めた2つの道のりの合計を求めればいいね

①は，単位をmにそろえて計算する方法である。一方，②は，kmとmに分けて計算している。
同じ単位同士で足したり引いたりすることが大事であることを捉えさせたい。

1 かけ算

2 時こくと時間

3 わり算

4 たし算とひき算の筆算

5 長さ

6 あまりのあるわり算

7 大きな数

8 かけ算の筆算

9 円と球

本時の評価

・長さのたし算やひき算の仕方を考えることができたか。
・単位をそろえて正しく計算できたか。
・道のりと距離の違いを正しく理解して計算できたか。

準備物

・町の地図（提示用。児童用のプリントもあるとよい）

問題1 駅から市役所に行きます。銀行の前を通る道と、デパートの前を通る道のどちらが近いですか？

銀行
ア→イとア→カをくらべるとア→イが短い
イ→ウとカ→オをくらべるとイ→ウが短い ┐
ウ→エとオ→エをくらべるとウ→エが短い ┘ どれも銀行の方が短いから

◎何m近いのかな？

銀行　530＋350＋200＝1080 ┐
デパート　650＋400＋260＝1310 ┘ 1310－1080＝230　230m

問題2 駅→銀行→市役所→デパート→駅と通ると何km何m？

① 1080＋1310＝2390　　2390m＝2km 390m
② 1080＝1km 80m　　1310m＝1km 310m　　　　　　2km390m

①km 80m＋①km 310m＝2km 390m　←km とm に分けて計算
　　2　　　　390

問題3 駅→銀行→市役所の道と、駅から市役所までのきょりは何m ちがいますか？　350m

① 1080－730＝350　② 1000m－730＝270　　③ 530＋200＝730 だから 350m
　　　　　　　　　　　1km からひいた　　　ア→イ　ウ→エ　　　イ→ウ
　　　　　　　　　　　270＋80＝350

4 道のりと距離を比べましょう。何m 違いますか

距離というのは，直線の長さだね

　銀行経由の道のりは1080m なので，1080－730で求められるのだが，③のように，530＋200＝730になることに気付き，イ→ウの間の350m の分だけ道のりと距離の差があるというように考える子もいる。

まとめ

単位をそろえて計算することが大事ですね

km とm に分けて計算するか，全部m にすればいいね

　m や km が混じった長い長さの計算も，これまで学習してきた m，cm，mm が混じった計算と同じように，単位をそろえて計算することが大事であることを押さえるようにしたい。
　ただし，単位換算するときには，1 km ＝1000m であることに気をつけなければならない。

6 あまりのあるわり算 （7時間扱い）

単元の目標

・除法には割り切れない場合があることに気付き，その場合はあまりを出すことを知る。
・あまりの大きさは，わる数よりも小さくなければならないことを理解する。
・除法で答えを求める文章題において，あまりが出たときの答え方について考える。

評価規準

知識・技能	○除法で，割り切れない場合の答えとあまりを求めることができる。
思考・判断・表現	○除法で，割り切れない場合の答えの表し方を考える。 ○除法で，割り切れない場合の答えとあまりの求め方を説明できる。 ○問われている事柄に応じて，あまりの処理の仕方を考えることができる。
主体的に学習に取り組む態度	○除法で，割り切れない場合の答えとあまりについて，具体的な場面に即して考えようとする。 ○日常生活の中で，除法の計算を活用しようとする。

指導計画 全7時間

次	時	主な学習活動
第1次 あまりのあるわり算	1	わり算で，あまりが出る場合の答えの表し方について考える。
	2	23個のみかんを4個ずつ分ける場面（包含除）で，23÷4の答えの求め方を考える。
	3	16個の種を3人で等分する場面（等分除）で，16÷3の答えの求め方を考える。
	4	□÷4の□に15〜1の整数を順に入れて式をつくり，その答えを求める。そして，答えの数にきまりを見いだす。
第2次 あまりを考える問題	5	40人が7人がけの長椅子に座る場面で，必要な長椅子の数の求め方を考える。
	6	幅32cmの本立てに厚さ6cmの図鑑を立てる場面で，何冊立てることができるかを計算で求める。
	7	48枚の折り紙を4人で等分する場面で，わり算の誤答の修正の仕方を考える。

1
かけ算

2
時こくと時間

3
わり算

4
たし算とひき算の筆算

5
長さ

6
あまりのあるわり算

7
大きな数

8
かけ算の筆算

9
円と球

単元の基礎・基本と見方・考え方

　子どもたちは，第3学年で初めて除法を学習する。この除法には割り切れない場合があり，その場合にはあまりを出すことを学習する。

⑴除法の範囲を広げる

　除法の導入段階では，乗法九九を適用することによって答えが求められる数の範囲で学習が進められる。例えば，21÷7であれば，7×□＝21の□に入る数を考えることによって，答えを求めることができる。

　しかし，この除法の被除数あるいは除数を変えたらどうだろうか。被除数の21を23に変えると23÷7となるが，7×□＝23となる□は存在しないことになる。このような場合に，どのように答えを表したらよいかを考えさせることが指導の重点となる。

⑵答えの表し方を素直に表現させる

　割り切れず，あまりが出る場面を扱うわけだから，導入の素材としては，包含除の場面が子どもには分かりやすいと思われる。また，具体的に操作できるものの方が，後であまりを確かめるのに都合がよい。

　例えば，「14個のおはじきを1人に3個ずつ配る。何人に分けられるか」という問題の場合，除法の意味が理解できていれば，立式することには問題はない。しかし，答えを1つの数で言えないことに気付くと，子どもの中には立式に躊躇する子もいる。

　さて，14÷3の立式ができたら，その答えを考えさせるわけだが，はじめは子どもに自由に表現させてみるとよい。例えば，「4で2あまる」「5には1足りない」のような答え方である。

　また，このような答えに到るまでに，「1人だとまだ11個残っている」→「2人に分けると8個残る」→「3人だと残りは5個だから，まだ分けられる」→「4人に分けると，もう分けられなくなって2個があまる。だから答えは『4あまり2』」というように考えて，「最大何人に分けられるか」を答えなければならないことを，具体物の操作と関連づけながら押さえておきたい。

　これまでの除法と違って，きちんと割り切れない場合があることを理解させたら，「14÷3＝4あまり2」のように，等号の後に，割れる最大個数を書き，続けて「あまり2」のようにあまりを付け加えて答えることを教える。そして，あまりは除数よりも大きくならない，割り切れる場合にはあまりは0になる，ということについても，具体的な操作と関連づけながら理解させるようにしたい。

⑶あまりの処理

　「38人の子が1つの長いすに7人ずつ座る。長いすがいくつ必要か」のような問題では，「38÷7＝5あまり3」という計算結果が，「7人座っている長いすが5脚で，あまり（まだ座れないでいる子）が3人」という状況を表していると読み解くことができるようにしたい。そのためには，5と3がそれぞれ何の数を表しているのかを考えさせる。そうすれば，「あまっている3人が座るにはあと1脚必要だ」と考えることができる。

⑷よくある間違いの例

　「20÷2＝9あまり2」のような間違いをする子もいる。「2の段で20に一番近い九九は2×9だから…」と形式的に処理することから，このような失敗をするようである。除法の意味に立ち戻り，数のイメージをもって考えられるようにしたい。

本時案

ぴったり 分けられない！

・わり算であまりが出る場合の答えの表し方について知る。

1 この問題の答えを求めましょう

問題文の「3枚ずつ」を「2枚ずつ」か「7枚ずつ」に変えたい

問題文を提示すると，子どもたちは困ってしまう。あまりのあるわり算の問題に初めて出合うからである。そこで，どんな反応を見せるかというと，例えば，上記のように，問題文の「3枚ずつ」という部分を変えたいと言う子がいる。「2枚ずつ」「7枚ずつ」だと，14枚の煎餅を同じ数ずつぴったりと分けられるからである。その話を聞いてあげるとよい。

○月□日（△）

> 14まいのせんべいがあります。
> 1人に3まいずつ分けます。
> 何人に分けられるでしょうか。

1人3まいずつだとしたら…

（式）　14÷3＝○

　　答えが分からない

・3×□＝14になる□の数がない。

・5だと1まいたりなくて、
　4だと2まいあまっちゃう

2 式は14÷3だと思うけど，答え方が分からない

本時の問題は，包含除の問題である。わり算の学習は終わっているので，このような問題のときには14÷3という式でよさそうだということは分かる。しかし，答え方が分からないのである。

その理由の一つとして，「5だと1枚足りなくて，4だと2枚あまっちゃう」というようなことを話す子がいる。

3 「ア．5だと1枚足りない」をもう少し分かりやすく言い表してみよう

「5だと1枚足りなくて，4だと2枚あまっちゃう」の文には，2つの内容が含まれている。そこで，この文を前半と後半の2つに分け，まずは前半部分が言い表していることをみんなで読み解くことにする。

その結果，言葉を補うと，「もし，答えが5人だとしたら，煎餅は1枚足りなくなる」ということであることが分かる。

1 かけ算

2 時こくと時間

3 わり算

4 たし算とひき算の筆算

5 長さ

6 あまりのあるわり算

7 大きな数

8 かけ算の筆算

9 円と球

本時の評価

・問題文を読み，わり算の式を立てることができたか。
・14÷3 の答えの表し方について，半具体物などを用いながら考えることができたか。
・あまりのあるわり算の答え方を理解できたか。

準備物

・おはじき（教師用，児童用）

もっとくわしく言い表してみよう。

→・下線部をかえたい

{ 2まいずつだと　14÷2＝7
{ 7まいずつだと　14÷7＝2

→ 同じ数ずつぴったり分けられる。

ア、5だと1まいたりない
→もし答えが5人だとしたらせんべいは1まいたりなくなる。

3×5＝15（まい）
14まいしかないので
1まいたりない

イ、4だと2まいあまる
→もし答えが4人だとしたらせんべいは2まいあまってしまう。

3×4＝12（まい）
14まいあるので
2まいあまる

あまりのある
わり算

14÷3＝4あまり2　と書きます。

答え 4人に分けられて2まいあまる

4 「イ．4だと2枚あまる」を分かりやすく言い換えてみよう

　続いて，後半部分を読み解くことにする。
　こちらも不足している言葉を補うと，「もし，答えが4人だとしたら，煎餅は2枚あまってしまう」という意味であることが分かる。
　アやイの文が表していることについては，おはじきなども用いて確かめておきたい。「1枚足りない」「2枚あまる」の意味が視覚的に捉えられるからである。

5 このような計算の答えは，イの言い方を生かして，「4あまり2」と答えます

だったら「5足りない1」でもいいんじゃないの？

　イの「4だと2枚あまる」をさらに短くしたような表現を使い，「14÷3＝4あまり2」と書くことを教える。答えは，「4人に分けられて2枚あまる」となる。
　子どもの中には，「アの言い方を生かして，『5足りない1』でもいいんじゃないの？」と言う子もいる。素直な表現である。

本時案

23÷4の答えの求め方を考えよう 2/7

本時の目標

・包含除の場面で，あまりのあるわり算（23÷4）の答えの求め方を考える。
・あまりのあるわり算の答えの確かめ方を理解する。

授業の流れ

1 どのような式になるでしょうか

23÷4

かけ算九九の4の段の答えには23がないから，あまりが出るよ

問題文が包含除の場面であることから，23÷4という式が立てられる。しかし，答えを求めようと4の段の九九を考えると，答えの中に23はないことに気付く子がいる。

そこで，4の段を4×1から書き出してみんなで確かめてみる。

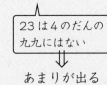

○月□日（△）

23このみかんがあります。
4こずつふくろに入れます。
4こ入りのふくろは
何ふくろできるでしょうか。

（式） 23÷4＝

23は4のだんの九九にはない
↓
あまりが出る

4×1＝4
4×2＝8
4×3＝12
4×4＝16
4×5＝20 ←23
4×6＝24

2 23÷4の答えの求め方を考えましょう

おはじきを使って考えてみよう

子どもたちに，23÷4の答えを自由に求めさせてみる。その一例が，23個のおはじきを4個ずつ分けてみる方法である。

「1袋だとまだ19個残る。2袋だと15個残る。3袋だと…」のように確かめていく。

3 5袋つくると，3個あまるよ

6袋目をつくるには，あと1個足りないね

残っているみかんの数が4よりも大きい場合は袋がまだつくれること，4より小さくなった時点でもう袋がつくれなくなることなど，おはじきの絵と対応させながら，数と言葉で表現していく。

1 かけ算

2 時こくと時間

3 わり算

4 たし算とひき算の筆算

5 長さ

6 あまりのあるわり算

7 大きな数

8 かけ算の筆算

9 円と球

本時の評価

・問題文を読み，23÷4 の立式ができたか。
・23÷4 の答えの求め方を考えたり説明したりすることができたか。また，図と対応させながら，答えを確かめることができたか。

準備物

・おはじき（教師用，児童用）

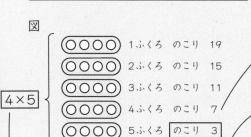

23÷4 の答えのもとめ方を考えよう

図

4×5 {

1ふくろ　のこり　19
2ふくろ　のこり　15
3ふくろ　のこり　11
4ふくろ　のこり　7
5ふくろ　のこり　3

あまり

3こだと1ふくろつくれない

23÷4＝4あまり7だと
まだ7このこっているから
あと1ふくろつくれる。

6ふくろ目はつくれない。
23÷4＝6あまり1
のようなまちがいを
しないようにしよう。

6ふくろつくるには
1こたりないよ。

23÷4＝5あまり3
4こずつ入れると5ふくろできて3こあまる

23こになるかな？

4こずつ5ふくろ　（あまり）　全部のみかんの数

$4 × 5 + 3 = 23$

わる数×答え＋あまり＝わられる数 → たしかめ算

23÷4の答えを見つけるためには、まずはじめに4のだんの九九で答えが
＿＿＿＿＿＿＿
＿＿＿＿＿＿＿
をさがす。次に…

4 答えが正しいことを確かめましょう

袋に入っているみかんの数は，4×5で20個だね

その20個にあまりの3個を足すと，みかんの個数は23個になるね

「1袋のみかんの数×袋の数＋あまり＝はじめにあったみかんの数」になることを，図を見ながら確認する。

まとめ

「23÷4の答えの見つけ方」の手順を，子どもの言葉でまとめさせたい。
「はじめに，4の段の九九で，答えが23を超えないで23に一番近くなる式（4×5＝20）を探す。その式のかける数（5）が答え（袋の数）になる。次に，その九九の答えの20を23から引くとあまり（3）が求められる」のような整理の仕方になるだろう。

本時案

16÷3 の計算の仕方を考えよう

本時の目標

・等分除の場面で，あまりのあるわり算（16÷3）の計算の仕方を考える。
・あまりのあるわり算の計算の仕方を整理し，理解を深める。

授業の流れ

1 3人で同じ数ずつ分けます。
1人分は……

花のたねが□こあります。
3人で同じ数ずつ分けます。
1人分は

同じ数ずつ分けるから，きっとわり算の問題だよ

右の問題文の「1人分は」まで書いたところで書くのを止めて，「何算の問題か分かるかな？」と尋ねてみる。子どもたちは，「わり算」で答えを求める問題であると言い，その理由も答えるに違いない。

なかには，「でも，種の数が分からないから，式はまだ立てられない」と言う子もいる。

〇月□日（△）

花のたねが□こあります。
3人で同じ数ずつ分けます。
1人分は何こになって，
何こあまりますか？

たねの数は？

6こ、12こ、15こ ？

あまらないよ…

たねの数が16こだったら…？

（式） 16÷3＝5あまり1

答え　1人分は5こになって1こあまる

---

2 □の中に入れたい数は，いくつですか？

6個　　12個

子どもたちに，問題文の□の中に入れたい数を尋ねてみる。おそらく「6」や「12」など，かけ算九九の3の段の答えにある数を答えるに違いない。なぜ，その数を選んだのかも尋ねてみたい。

3 種の数が16個だったら？

16は3の段にないよ

それだと，同じ数ずつ配れないよ

種の数が16個だと，3人で同じ数ずつ分けようとしてもあまってしまうことに気付く子がいる。

そこで，問題文に「（1人分は）何個になって，何個あまりますか」と続けて書く。

1	かけ算
2	時こくと時間
3	わり算
4	たし算とひき算の筆算
5	長さ
6	あまりのあるわり算
7	大きな数
8	かけ算の筆算
9	円と球

本時の評価

・わり算を使って答えを求める問題文であることが分かるか。
・16÷3 の答えの求め方を考えたり説明したりできたか。

準備物

・おはじき（教師用・児童用）

3こずつくばると…

$3×3=9$　$16-9=7$　7こあまる　【まだくばれる】

4こずつくばると…

$4×3=12$　$16-12=4$　4こあまる　【まだくばれる】

5こずつくばると…

$5×3=15$　$16-15=1$　1こあまる　【もうくばれない】

16÷3 の計算の仕方

① □×3 の答えが 16 を
　こえないようにする。

② □×3 の答えが 16 にできるだけ
　近い数になるようにする。

③ 3のだんの九九を考えるとよい。

④ ①〜③から□＝5
　$5×3=15$ なので $16-15=1$
　があまりになる。
　⇩
　$16÷3=5$ あまり 1
たしかめ算
　$3×5+1=16$

---

4 式は16÷3 。 答えは……

16÷3 の答えを求めてみましょう

前時までに学習してきたことを想起し，おはじきを使ったり，絵をかいたり，かけ算を使ったりしながら，16÷3 の答えを求める。

そして，お互いに自分の考えを説明し合う。それを，黒板に整理していく。

まとめ

答えはどうなるのかな？

1人分は5個になって（種は）1個あまる

「16÷3 の計算の仕方」を，その手順が分かるように番号をふって，言葉や式に表していく。

本時の問題の場合，等分除なので，意味としては3の段の九九を考えるのではなく，□×3の□に入る数を変えながら答えを見つけていくことになる。

本時案

□ ÷ 4 を考えよう $\frac{4}{7}$

○月□日（△）

15÷4 の問題

> 15 このりんごがあります。
> 1 人に 4 こずつ分けます。
> 何人に分けられるでしょうか。

> 15 このりんごがあります。
> 4 人で同じ数ずつ分けます。
> 1 人何こずつもらうことができますか。
> また、何こあまりますか。

授業の流れ

1 わり算の問題には，2 つの種類 がありましたね

「4個ずつ」分ける問題と， 「4人で」分ける問題ね

どちらも 15÷4 だよ

　「15÷4」で答えを求める包含除の問題を提 示し，立式させる。続いて，等分除の問題を提 示し，包含除の問題と同じ式になることを確認 する。「式」は同じだが，「答え」は，包含除は 「3 人に分けられて 3 個あまる」，等分除は 「3 個ずつ分けられて 3 個あまる」となる。

2 はじめのりんごの数が 1 個少な くなりました

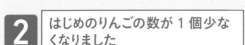

式は 14÷4 だね

答えも分かる。3 あまり 2 よ

　黒板中央の上の方に，最初の問題の式と答え 「15÷4 ＝ 3 あまり 3」を書き，その下に「14 ÷4 ＝ 3 あまり 2」を書く。
　さらに「13÷4 ＝ ?」と順に尋ねながら，式 と答えを書いていく。

3 3 ÷ 4 は答えが出せないよ

　「11÷4 ＝ 2 あまり 3」まで みんなで確認しながら式と答 えを書いた後，その下に「10÷ 4 ＝」「9÷4 ＝」「8÷4 ＝」 …と式だけを続けて書き，答 えの部分は自分で書いてみる ことにする。
　式を順に書いていくと，「4÷4 で終わりだ よ」「3÷4 から下はできないよ」と言う子が いる。

・□÷4の□に順に数を入れ，その式の答えを正しく言えたか。また，並べたときにきまりを見出すことができたか。

・提示用の文章題2題（15÷4になる等分除と包含除）

1 かけ算

2 時こくと時間

3 わり算

4 たし算とひき算の筆算

5 長さ

6 あまりのあるわり算

7 大きな数

8 かけ算の筆算

9 円と球

きまりを見つけたよ

15÷4= 3 あまり 3
14÷4= 3 あまり 2
13÷4= 3 あまり 1
12÷4= 3 （あまり 0）
11÷4= 2 あまり 3
10÷4= 2 あまり 2
9÷4= 2 あまり 1
8÷4= 2 （あまり 0）
7÷4= 1 あまり 3
6÷4= 1 あまり 2
5÷4= 1 あまり 1
4÷4= 1 （あまり 0）
3÷4= 0 あまり 3
2÷4= 0 あまり 2 — 答えがないんじゃないの？
1÷4= 0 あまり 1   答えが出せない？
0÷4= 0 （あまり 0）

わる数が
4のとき
・答えのところに同じ数が4回ずつならぶ。
・あまりが3，2，1，0，3，2，1，0…となっている。
・わる数が4だからあまりが4い上になることはない。

3÷4になる問題ってどんな問題かな？   3÷4＝0 あまり 3
⇑

3このりんごを4人で同じ数ずつ分けます。1人分は？
→1こももらえない（0こ）3こあまる

3このりんごを4こずつ分けます。何人もらえる？
→1人ももらえない（0人）3こあまる

---

4 3÷4になる問題はつくれないのかな？

3個のりんごを4人で同じ数ずつ分けると…

　最初に確認した「15÷4」で答えを求める問題文を参考にしながら，「3÷4」で答えを求める場面を考えてみる。

　包含除では「3個を4個ずつ分けると」，等分除では「3個を4人で分けると」となる。現実的にはおかしな場面であるが，「0あまり3」と答えられることを確認する。そして，「2÷4」以下についても答えを書く。

5 答えの数に，きまりがあるよ

　上から順に答えを書いていくうちに，答えの数にはきまりがあることに気付く子が出てくる。そこで，見つけたきまりを整理しておく。

　子どもの反応によっては，⑤の活動が，③と④の活動よりも前に始まることがある。4÷4より上で見つけたきまりは，3÷4より下でも成り立つことにも着目させたい。

本時案

長いすは
何脚必要かな？

本時の目標
・あまりのあるわり算の文章題で，答えの処理の仕方について考える。
・商に 1 を足して答える問題があることを理解する。

授業の流れ

1 長いすは何脚必要でしょうか？

確認したいことがあります

何ですか？

この問題を解くためには，いくつかの条件を確認する必要がある。注意深い子は，そのことを確かめようとする。

例えば，1 行目に「1 つの長いすには，6 人とか 5 人とか，7 以外の人数で座ってもいいのですか？」というようなことである。

このような質問に答えながら，問題の意味を把握させていく。

○月□日（△）

> 40 人が全員長いすにすわります。
> 長いすには 7 人まですわれます。
> 長いすは何きゃくひつようでしょうか？

42 人だったら　　　8 人だったら
よかったのに…　　　よかったのに…

$42 \div 7 = 6$　　　$40 \div 8 = 5$

$7 \times \square = 42$　　　$8 \times \square = 40$

6 きゃく　　　5 きゃく

ぴったりと答えがもとめられる。

2 42 人だったらよかったのに……

どうして？

上のようなことを言う子に，なぜ，そう言うのか尋ねてみるとよい。

「42 人だと，ぴったりとした数で答えられるから」のような答えが返ってくることだろう。こういったやりとりをすることによって，場面を理解させたり，式を思い浮かべさせたりすることができる。

3 子どもの数は 40 人，長いすに座れる人数は 7 人で考えましょう

式は，$40 \div 7$ ですね

問題の意味が理解できたところで，立式させる。割り切れる数で一度考えているので，わり算で求めればよいことは分かる。

この後は，「$40 \div 7 = 5$ あまり 5」の式をどのように処理すればよいかが課題となる。

1 かけ算

2 時こくと時間

3 わり算

4 たし算とひき算の筆算

5 長さ

6 あまりのあるわり算

7 大きな数

8 かけ算の筆算

9 円と球

本時の評価

・問題文を読み，具体的な場面を想起しながら，場面に合った答え方を考えることができたか。
・＋1の意味を理解することができたか。

準備物

・必要に応じて，図やおはじきを使う。

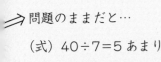 問題のままだと…

（式）40÷7＝5あまり 5人

立っているのはかわいそう

だから 5きゃくと 1きゃく

7人きっちりすわったいす

あまりの5人がすわるためのいす

式にすると
5＋1＝6

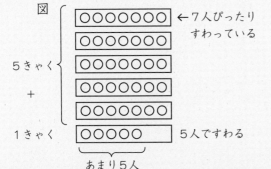

図

○○○○○○○ ←7人ぴったりすわっている
○○○○○○○
○○○○○○○
○○○○○○○
○○○○○○○
○○○○○ 5人ですわる

5きゃく ＋ 1きゃく

あまり5人

 尋ねられていることにきちんと対応している答えになっているかどうかを確かめる。

答え　6きゃく

5きゃくだと
1きゃくたりなくなる

たしかめ

7がけにぴったりすわっている人の数

7×5＝35人＜40
40－35＝5人

あまった人の数

あまりがある場合，
問題をよく読んで答え方を考える。
↓
1をたして答える問題もある。

次時の問題のように，いつも1を足すとは限らないので，形式的なまとめにならないように注意する。

---

4 答えは，「長いすは5脚必要で5人あまる」でいいのかな？

それだと，5人が座れなくてかわいそうだよ

「5あまり5」の最初の5は長いすの数で，後の5は人の数を表していることを，図などを用いて確認する。そして，長いすの数が5脚だと座れるのは35人で，残りの5人が座るための長いすが必要になることを理解させる。

5 式と答えは，どのように書けばよいのかな？

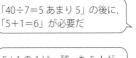 「40÷7＝5あまり5」の後に，「5＋1＝6」が必要だ

5＋1の1は，残った5人が座るための長いすの数だね

全員が座るためには，長いすは「6脚必要」ということになる。式としては，5脚にもう1脚加える「5＋1」があるとよい。
ここでも図に戻って5や1の意味を確認し，理解を確かなものにする。

本時案

図鑑を何冊立てられるかな？

本時の目標

・わり算で答えを求める文章題で，尋ねられていることを把握し，あまりの処理の仕方を考えることができる。

授業の流れ

 1 図鑑って知ってますか？

図書室にあります

理科室にもあったよ

写真や絵が載ってる厚い本だね

　図鑑を本立てに並べる様子をイメージさせるために，図鑑とはどんなものかを話題にする。物語などの本に比べ，厚い本であることを想起させ，それを本立てに何冊か並べていく場面について考えることを理解させる。その中で，本立ての幅や図鑑の厚さを子どもに伝えていく。

○月□日（△）

本立てに図かんをならべます。
図かんのあつさは全部6cmです。
本立てのはばは32cmです。
図かんを何さつ立てることができるでしょうか。

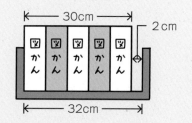

 2 図鑑の厚さは6cmです。
本立ての幅は32cmです

6の段の答えに32はないから，ぴったりにはならないね

　「図鑑を何冊立てることができるでしょうか」と尋ねる文を書く前に，本の厚さと本立ての幅が分かると，「ぴったりにはならない」「隙間が空くよ」「隙間は2cmだよ。だってね…」と言い始める子もいる。

 3 図鑑を何冊立てることができるでしょうか

　問題文の最後の一文を書くと，すぐに「答えが分かる」と言う子がいる。
　答えの求め方は，「32cmから6cmずつ引いていく」「5冊で6×5＝30，6冊だと6×6＝36となり，32を超えてしまう」などがある。必ずしも，わり算で答えを求めるとは限らない。

本時の評価

- 問題場面を理解し，本立てに立てられる図鑑の冊数や隙間の幅を求めることができたか。
- わり算で計算して出てきた答えの処理について，図などをもとにしながら考えることができたか。

準備物

- 必要に応じて，図や具体物（本立てや図鑑）を提示する。

6のだんに
32はないね

すき間があくよ

6×5＝30だから
2cmあく

あいてるところのはば
↓

1さつ 32－6＝26
2さつ 26－6＝20
3さつ 20－6＝14
4さつ 14－6＝8
5さつ 8－6＝②→
↑
6cm が5さつ分
6×5＝30(cm)

（式）32÷6＝5あまり2

5さつ

すき間
2cm

⇒ 聞かれていることは，
本立てに立てられる
図かんの数
↓
すき間のことは答えなくてよい。

だから 答え 5さつ

- きのうの長いすの問題はさいごに＋1したけど，今日の図かんの問題はあまりを答えなくてよい。
- 問題をよく読んで，あまりを答えたり，＋1したり，答えなかったりするとよい。

---

4 わり算でも求められるよ

32÷6＝5あまり2

　包含除の場面であることから，わり算でも立式できる。答えは「5あまり2」と出るが，この問題に対して，どのように答えればよいかを，ひき算やかけ算を使った考えと対応させながら考えていく。

5 5は本の冊数で，2は隙間の幅を表す数です

尋ねられているのは，立てられる冊数ですね

　あまりの数の処理について整理する。そのときに，前時の問題と比較しながらその違いを確かめていくようにする。
　計算の結果をどのように処理すればよいか，問題に応じて考えられるようにしたい。

1 かけ算
2 時こくと時間
3 わり算
4 たし算とひき算の筆算
5 長さ
6 あまりのあるわり算
7 大きな数
8 かけ算の筆算
9 円と球

本時案

48÷4の答えの求め方を考えよう

授業の流れ

1 48枚の折り紙を，4人で同じ数ずつ分けます

10枚の束4つと，バラが8枚だから……

答えが2桁になるわり算について考える場面だが，既習の計算である。

10枚の束とバラに分けて考えると，1人分は束を1つ（4束÷4）とバラを2枚（8枚÷4）になることから，「1人分は12枚」と求めることができる。あるいは，4等分するには，2等分したものをさらに2等分すればよいと考えることもできる。

○月□日（△）

おり紙が48まいあります。
4人で同じ数ずつ分けます。
1人分のおり紙は何まいでしょうか。

（式）48÷4＝12

　　　答え　12まい

2 どんなふうに計算したのかな？

「48÷4＝12」であることを確認した後で，式は同じだけど，答えが異なるものを提示する。
「48÷4＝9あまり12」である。

割り切れる計算であるはずなのに，「あまり」を出している。この答えは，どのようにして考えて出されたものかを，子どもたちに想像させる。

3 4の段の九九で，答えが48に一番近いものを考えたと思う

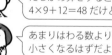

たしかめ算をすると4×9＋12＝48だけど…

あまりはわる数より小さくなるはずだよ

4で割るわり算の場合，答えを求めるために，かけ算九九の4の段を考える。そして，わられる数に一番近い答えになる九九を探すわけだが，「×9」までの範囲で48に一番近いのは，4×9＝36である。つまり，これまでに学習した計算の手順に従うと，「9あまり12」という答えになる。

1 かけ算

2 時こくと時間

3 わり算

4 たし算とひき算の筆算

5 長さ

6 あまりのあるわり算

7 大きな数

8 かけ算の筆算

9 円と球

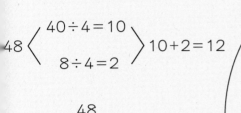

$$48 \begin{cases} 40 \div 4 = 10 \\ 8 \div 4 = 2 \end{cases} 10 + 2 = 12$$

48
24　24
12　12　12　12

どんなふうに計算したのかな？

$48 \div 4 = ⑨$ あまり ⑫ ← わる数より小さくないとダメ

4のだん の九九の中で 48 に 一番近いのは

$4 \times ⑨ = 36$　　$48 - 36 = ⑫$

たしかめ算　$4 \times 9 + 12 = 48$ になるけど…

あまりの 12 はまだ 4 でわれる

$12 \div 4 = 3$　　$9 + 3 = ⑫$ → 正しい答え

このつづき

$48 \div 4 = 10$ あまり 8

$48 \div 4 = 11$ あまり 4

$48 \div 4 = 12$ あまり 0

答えは九九をこえることもある → 答えが2けたになる

---

4 「48÷4 ＝ 9あまり12」を使って，正しい答えにすることはできないかな？

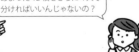 あまった12枚をさらに4人で分ければいいんじゃないの？

　「9あまり12」という答えを，計算の途中の状態だと考えれば，この続きを考えることによって，正しい答えを導き出すことができる。その方法をみんなで考える。

　例えば，「1人に9枚ずつ配ると12枚あまる」から，「あまった12枚をさらに4人で分ければ，1人にあと3枚ずつ配ることができる」と考えていけるとよい。

5 答えは九九を超えることもあるんだね

 答えが2桁になるということだね

　わり算の答えを求めるとき，かけ算九九の範囲だけで考えてしまうと，「9あまり12」のような間違いをしてしまう子がいる。

　その間違いをあえて提示し，修正することを通して，わり算の場面を見直したり，答えを吟味したりすることをねらった授業展開である。

7 大きな数 （8時間扱い）

単元の目標

- 十進位取り記数法の原理を基にして，千万の位までの数の表し方や大きさの比べ方を理解する。
- 数の相対的な見方を活用して，数を捉えたり，計算の仕方を考えたりすることができる。
- 整数を10倍，100倍，1000倍，$\frac{1}{10}$ にした大きさの数について理解する。

評価規準

知識・技能	○千万の位までの数を読んだり，書いたりすることができる。 ○千万の位までの数を数直線上に表したり，数の大小を比べ，等号や不等号を使って表したりすることができる。 ○１億について知る。
思考・判断・表現	○数のまとまりに着目して，大きな数の比べ方や表し方を考えることができる。 ○大きな数を，相対的な大きさで捉えることができる。
主体的に学習に 取り組む態度	○十進位取り記数法のよさに気付く。 ○日常生活の中で，１億までの数が使われている場面があることに気付き，その大きさを相対的に捉えようとする。

指導計画 　全8時間

次	時	主な学習活動
第1次 数の表し方	1	紙の束の写真を見て，その紙の枚数を数える。
	2	おはじきの個数と「位カード」を組み合わせたポイントの合計を，班ごとに求め，比べるゲームを行う。
	3	工作用紙から０〜９の数字カードをつくる。カードができたら，それを使って「大きい方の勝ち」ゲーム（5桁）をする。
	4	8桁で「大きい方の勝ち」ゲームを行う。
	5	数字カードで「何万何千」の数をつくり，その大きさ比べをする。結果を，数直線や不等号を使って表す。
	6	数直線の目盛りを読み取る。
	7	数字カードを引いて7桁の数をつくり，500万にどれだけ近いかを比べるゲームを行う。
第2次 10倍した数, 10で割った数	8	23の10倍の数，230の10倍の数について考える。

1 かけ算

2 時こくと時間

3 わり算

4 たし算とひき算の筆算

5 長さ

6 あまりのあるわり算

7 大きな数

8 かけ算の筆算

9 円と球

単元の基礎・基本と見方・考え方

第２学年では，４位数までの整数について，大きな数の大きさの比べ方や数え方について学習してきた。

第３学年では，整数を万の単位にまで広げるとともに，10倍や100倍，1000倍，$\frac{1}{10}$ の大きさの数や，相対的な大きさについて学習することを通して，整数の表し方や大きさの比べ方についての理解を深めていく。

(1)十進位取り記数法

十進数とは０から９までの数字を用いて，10ずつまとまるごとに１つ上の位に上げていく数の表し方を指す。そして，数字を並べて書いたときに，その位置によって大きさを表すきまりのことを位取りの原理という。

この２つを合わせて活用した便利な十進位取り記数法が，日常生活の中で使われている。

３年生の子どもたちにそのよさを直接味わわせることは難しいが，指導する側が子どもの表現の中に，このよさと関わる感じ方を見いだして意識づけていこうとする姿勢が必要である。

(2)万の単位

第２学年までに学習した数は，一，十，百，千と位が上がるにつれて名前が変わってきたが，万から先は一万，十万，百万，千万と，万を単位にした言い方に変わってきている。これが，これまでの数の表し方と異なるところである。

そこで，子どもたちにはまず，もとになる一万の大きさをいろいろな見方で捉えられるようにすることが大切になる。例えば，次のような見方である。

・9999より１大きい数　・1000が10個集まった大きさ　・5000と5000を合わせた数

そして，この一万を基にして一，十，百，千というように，第２学年までに学習した４位数の表現と同じことが繰り返されていくことに気付かせられるとよい。

(3)10倍，100倍，1000倍，$\frac{1}{10}$ の大きさ

ある数を10倍するともとの数の右端に０を１つつけた数になる。数字の並び方は変わらずに，各位の数字が１つずつ上の位に移るとみることもできる。

このことをただ形式的に教えるのではなく，子どもが発見するような場がつくれるとよい。

例えば，第２学年の乗法九九の学習の段階で，２×９まで扱った後に「では，２が10個だったらいくつになるかな」と尋ねてみて，「２×９の答えの18に２を足して20になる」「３×10は30になるよ」「×10のときは，いつもかけられる数に０をつけた数が答えになるね」ということに子どもが気付き，これを面白いと感じるような体験をさせたいものである。

(4)数の相対的な大きさ

数を相対的にみたり表したりする力は，数を捉えたり，数の大きさを比較したり，計算の仕方を考えたりするときの大切な力である。

例えば，7000＋8000のような計算は，数が大きくて面倒な計算のように思われがちだが，1000を単位に考えると７＋８と同じだと考えることができる。これは，かけ算でも同様である。300×５のような計算も，100を単位に考えれば３×５と同じであるとみることができる。このような見方・考え方は，小数や分数の計算のときにも活用されるものである。

本時案

紙は全部で何枚かな？

本時の目標

・10000を超える紙の枚数を10^n枚の束をもとにして数えることができる。
・10000を超える数の表し方と読み方を知る。
・一万の位について知る。

授業の流れ

1 紙は全部で何枚あるでしょうか

> 紙がたくさん積んであります
>
> 全部で何枚あるのかな？
>
> 1包みの枚数が分かれば…
>
> 1包みは1000枚です

　紙の束の写真をプロジェクターで，黒板上のスクリーンに映す。写真は，紙の束が積んであるだけのもので，枚数は示されていない。全部の枚数を求めるために，1包みに入っている枚数と，その包みがいくつあるかに着目させたい。

○月□日（△）

紙は全部で何まいあるでしょうか。

三万六千四百二十七まい

36427

万　千　百　十　一
の　の　の　の　の
位　位　位　位　位

---

2 1000枚が10個で10000枚になるね

　提示した写真が印刷されたプリントを子どもに配り，紙が全部で何枚あるのかが分かるように書き込みをさせる。
　このとき，2年生までの学習を想起させ，10ずつの束をつくるという発想を子どもから引き出す。
　1包みが1000枚入りなので，この包みが10個で10000枚になる（10000までは，2年生で学習済みである）。

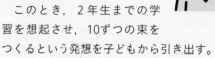

3 それぞれの束がいくつできたかな？

　10000枚の束が3個で30000枚になることと，その読み方（三万）を押さえる。
　残りの6427枚と合わせて36427（三万六千四百二十七）枚であることが分かる。

　プロジェクターで黒板に映した写真をチョークでなぞると，きれいな絵ができあがる。直接チョークで書き込みもできるので試してみていただきたい。

1 かけ算

2 時こくと時間

3 わり算

4 たし算とひき算の筆算

5 長さ

6 あまりのあるわり算

7 大きな数

8 かけ算の筆算

9 円と球

・10のまとまりができると位が1つ上がる，十進位取り記数法の仕組みを理解できたか。
・一万の位までの数を正しく読んだり表したりできたか。

・紙の束の写真（提示用と配付用）
・PC または実物投影機
・プロジェクター

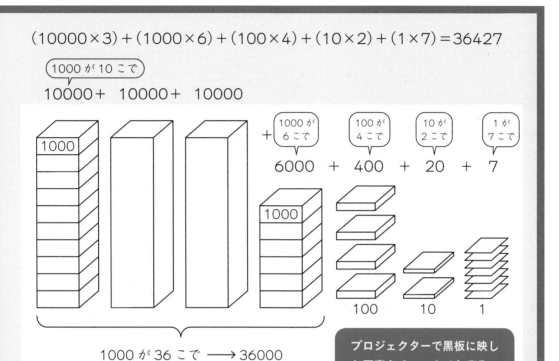

$(10000 \times 3) + (1000 \times 6) + (100 \times 4) + (10 \times 2) + (1 \times 7) = 36427$

1000 が 10 こで

$10000 + 10000 + 10000$

1000 が 6 こで → 6000
100 が 4 こで → 400
10 が 2 こで → 20
1 が 7 こで → 7

$6000 + 400 + 20 + 7$

1000 が 36 こで ⟶ 36000

プロジェクターで黒板に映した写真をチョークでなぞる。

4 言葉や式で表してみよう

「10000 が 3 個と 1000 が 6 個」で，36000 だね

36000 は，「1000 が 36 個」という言い方もできるよ

黒板の図を見ながら，上記のように言葉で表現させる。また，かけ算やたし算の式で表現することもできる。

まとめ

　紙の束の整理の仕方を振り返りながら，新しく学習したことをまとめる。
○1000が10個で10000（一万）。
○10000を3個集めた数を30000という。
○36427は，30000と6000と400と20と7を合わせた数である。
○千の位の1つ上の位を「一万の位」という。

本時案

千万の位までを使ってゲームをしよう！

授業の流れ

1 大きな数を読んでみましょう

次の数は，東京都，徳島県，静岡県の人口を表しています

東京が一番多いと思う

どの数が一番大きいのかな？

人口と都県名をバラバラに提示し，対応を考えさせる。子どもは面積の大小などをもとに予想を立てると思われる。ここで，数の大きさの大小を比べるときには，一番左にある数だけを見てはいけないことを確認する。

答えを確かめた後，それぞれの人口の読み方を確認する（千万の位までの数）。

本時の目標

・一万の位より上の位（一億まで）を知り，読んだり書いたりすることができる。
・千万までの位の数の仕組みを理解することができる。

◯月□日（△）

どの都県の人口でしょうか？

徳島（とくしま）　　　728633人

静岡（しずおか）　　　3639226人

東京　　13942856人

千百十一千百十一
万万万万のののの
ののののの位位位位
位位位位

ゲームを通して，大きな数の仕組みを理解していくようにすることがねらいである。

---

2 じゃんけんゲームをしましょう

1で千万の位までの位を確認したことを受けて，「じゃんけんゲーム」をする。
①おはじきを1人5個ずつ持つ。
②教室内を自由に動き回りながら5人とじゃんけんをする。勝ったらおはじきを1個もらえる。
③じゃんけんが5回終わったら，班の「位カード」を引く。おはじきの数に「位カード」の位をつけた数が自分のポイントとなる。
④ポイントをノートに記録する。

---

3 グループのポイントの合計は？

グループごとに，合計ポイントを計算しましょう

4人のポイントを足そう

グループのポイントの合計を求める。板書の右にある「1班の結果」は，その例である。

おはじきの数の多い子が大きな位のカードを引くと有利なことに気付かせたい。また，合計点の読み方も確認しておきたい。

本時の評価
・東京都などの人口（6桁～8桁）の数を正しく読むことができたか。
・千万までの位の数を様々な言い方で表現できたか。

準備物
・おはじき（1人5個ずつ）
・位カード（一の位から千万の位のセット（計8枚）を，1グループに1セットずつ）

新しい位を使って じゃんけんゲームをしよう！

①おはじきを1人5こずつ持つ

チーム対こうせん

②じゃんけんを5回ずつする
③「位カード」をひく→④チームの合計をもとめる

一の位～千万の位 ←かくチームに1セット

（れい）
②4回勝って1回負けた
　おはじき8こ

③ 十万 カードをひいたとすると
　↓
　80万ポイント
　（800000）

1ぱんのけっか
としこ	300000
ゆきお	900
えり	40000
ともや	20000000
合計	20340900

（二千三十四万九百）

10万が3こ
100が9こ
10000が4こ
1000万が2こ

一番大きいポイントは？
全勝で 千万 カードをひくと…
↓
おはじき10こ →10千万？
　　　　　　　1万万？
100000000

1000万の10こ分＝1億

4 一人のポイントの最大は？

一番大きなポイントはいくつかな？
おはじき10個で「千万」カードを引くと…？
10千万…かなあ？

「千万」の上の位は「万万」と考える子もいる。この考えを認めつつ，1千万が10個で「1億」になることに触れておく。

まとめ

　上記の「1班の結果」を，大きい位から整理すると，次のようになる。
　1000万が2個，10万が3個，1万が4個，100が9個集まった数は，20340900（二千三十四万九百）。
　このような数の構成を確認するとともに，東京都の人口の下に書いたような位について振り返るようにする。
　また，「1億」については，99999999に1を加えた数であることも触れておきたい。

1 かけ算
2 時こくと時間
3 わり算
4 たし算とひき算の筆算
5 長さ
6 あまりのあるわり算
7 大きな数
8 かけ算の筆算
9 円と球

本時案

「大きい方の勝ち」ゲームをしよう！① $\frac{3}{8}$

本時の目標

・工作用紙のマス目の数を工夫して数える。
・5桁の数の大小を比較することができる。

授業の流れ

1 工作用紙のマスの数はいくつ？

今日は工作用紙を使います。マスの数は10000個あるかな？

たくさんあるね

どうやって数えればいいのかな？

　この後の活動で使う数字カードをつくるための工作用紙を提示する。マス目がたくさんあるので，その数を数えさせてみたい。
　2桁のかけ算を学習していなくても，その数を様々な方法（右の板書に示した方法がその例）で求める過程を楽しみたい。

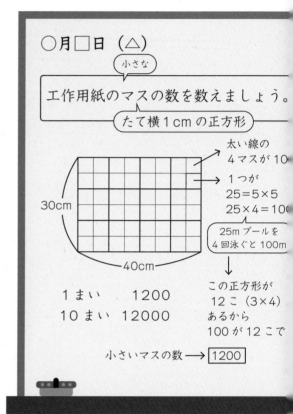

○月□日（△）

小さな 工作用紙のマスの数を数えましょう。

たて横1cmの正方形

30cm

40cm

太い線の4マスが10

1つが 25＝5×5 25×4＝100

25mプールを4回泳ぐと100m

この正方形が12こ（3×4）あるから100が12こで

1まい　　1200
10まい　12000

小さいマスの数 → 1200

2 数字カードをつくりましょう

0 1 2 3 4 5 6 7 8 9 　5cm
40cm

　30cm×40cmの工作用紙であれば，1枚の工作用紙から5cm×40cmの長方形が6枚取れる。この長方形を1人に1枚ずつ配り，5cm×4cmのカードを10枚つくらせる。カードには0から9の数字を書き込ませ，この後のゲームで使うことにする。

3 「大きい方の勝ち」ゲームをします

引いたカードを左の枠から順に入れて，5桁の数をつくります。大きい数の方が勝ちです

 9 □ □ □ □

 5 □ □ □ □

それだと，すぐに勝敗が決まって面白くないなあ

　黒板に5桁の枠を2つ並べてかく。そして，代表の子2人に前に出てもらい，シャッフルした数字カードを裏返しに重ねて1枚ずつ交互に引いてもらう（数字カードは0〜9枚が1枚ずつ）。

1	かけ算
2	時こくと時間
3	わり算
4	たし算とひき算の筆算
5	長さ
6	あまりのあるわり算
7	大きな数
8	かけ算の筆算
9	円と球

本時の評価

・工作用紙のマス目の数の数え方を考えることができたか。
・ゲームを面白くするために，ルールを工夫することができたか。
・5桁の数の大小の比べ方が理解できたか。

準備物

・工作用紙を10枚程度
・はさみ，マーカー

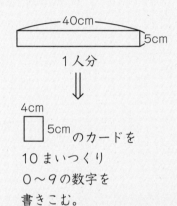

工作用紙を切って
0〜9の数字カードを
作りましょう。

40cm
5cm
1人分
⇓
4cm
5cm のカードを
10まいつくり
0〜9の数字を
書きこむ。

「大きい方の勝ち」ゲームをします。

カードは0〜9のカード1セット
（かく1まい）

勝ち！

| 9 | 7 | 3 | 1 | 0 | ＞ | 5 | 8 | 6 | 4 | 2 |

〈ルール〉

① 左の位の□からじゅんに入れていく。
　→1まい目で勝ち負けがわかってしまう。
② 右の位の□からじゅんに入れていく。
　→大きい数が出るともったいない。
③ 自分で入れる□を決める。
　（後からかえてはいけない）

---

4 ルールを変えて，やってみよう

　3のように，引いたカードを左の位から順に入れるルールだと，1枚目で勝敗が決まるので，ルールを変えてみる。

　例えば，「右の位から順に」「引いた数を見て，入れる枠を自分で選ぶ」「数字カードを2セット使う」などである。

　全員が数字カードをつくっているので，これを使って，隣同士で対戦させてみるとよい。結果はノートに不等号を用いて記録しておくようにする。

まとめ

③のルールでもし，1枚目に7を引いたらどこに入れるかな？

迷うなあ。千の位かなあ

　工作用紙を8枚合わせても，マス目の数は9600個。10000という数は，かなり大きな数であることが実感できるだろう（マス目10000個で1m^2。4年で学習する面積と関連づけることもできる）。

　数の大きさ比べでは，「左の位が大きい方が大きい数である」ということを押さえておくようにする。

本時案

「大きい方の勝ち」
ゲームをしよう！②

 4/8

本時の目標

- ・8桁の数の大小の比べ方が分かる。
- ・8桁の数の読み方を理解する。
- ・0から9の数字を並べて，できるだけ大きな（小さな）数のつくり方を考える。

授業の流れ

1 桁数を増やしてゲームをしましょう

「大きい方の勝ち」ゲームをします。枠の数を増やしてみましょう

8桁でやってみたい

千万の位まであるね

第3時に行ったゲームで，枠の数を8桁まで増やす。はじめ，ルールは次のようにする。

① 2人で対戦。使うカードは，それぞれ0〜9までを1枚ずつ。

② 交互にカードを引き，右の位から順にカードを入れていく。

③ 大きい数の人が，数を正しく読めたらポイントとなる。読み間違えたら，もう1人が自分の数を読む。読めたらポイントとなる。

○月□日（△）

けた数をふやして

「大きい方の勝ち」ゲーム！をしよう。

① 使うカードは、それぞれ0〜9

② カードを1まい引いたら、一の

③ 大きい数の方の人が正しく読め

→ もし、正しく読めなかったら、

正しく読めたら5点。

ゆりか

千	百	十	一	千	百	十	一
8	6	5	7	4	3	1	0

＜

万

八千六百五十七(万)四千三百十

2 数を読んでみましょう

代表の子にやってもらいます

 8 6 5 7 4 3 1 0

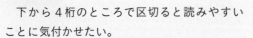 9 0 7 6 5 2 3 1

九千七十六万五千二百三十一

下から4桁のところで区切ると読みやすいことに気付かせたい。

3 ルールを変えてみたいな

隣の子と対戦してみましょう

カードを置く場所を自分で決めていいことにしよう

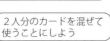

2人分のカードを混ぜて使うことにしよう

ルールを変えた方がよい理由を話し合うことによって，数の大小比較の仕方が明確になる。

カードを置く場所を，自分で決めることにした場合，「もし，8を引いたら？」などとシミュレーションしてみると面白い。

本時の評価
・8桁の数の大小を判断することができたか。
・8桁の数を正しく読むことができたか。
・0から9の数字を並べてできる最大（最小）の数が分かったか。

準備物
・数字カード（子どもが各自0～9を1枚ずつ持つ）

1 かけ算
2 時こくと時間
3 わり算
4 たし算とひき算の筆算
5 長さ
6 あまりのあるわり算
7 大きな数
8 かけ算の筆算
9 円と球

を1まいずつ。
位からじゅんにカードをおく。
たら5点。
小さい数の人にチャンスがあたえられる。

ともき　勝ち！

千	百	十	一	千	百	十	一
9	0	7	6	5	2	3	1

万

九千七十六（万）五千二百三十一

0～9の数字カードでできる

一番大きな数

9	8	7	6	5	4	3	2

2番目に大きな数

9	8	7	6	5	4	3	1

一番小さな数

1	0	2	3	4	5	6	7

2番目に小さな数

1	0	2	3	4	5	6	8

4 一番大きな数はいくつかな？

　　隣同士で何度か対戦した頃合いを見計らって、クラス全員でゲームを行うことを提案する（カードは、各自、0～9を1枚ずつ）。
　　1回目が終わったところで、最大、最小の数や、大きい方から（小さい方から）2番目の数などを確認する。
　最大→98765432　2番目→98765431
　最小→10234567　2番目→10234568
　どのように考えればよいのか、最大（最小）と言える理由についても話し合わせる。

まとめ

3番目に大きな数は？
98765430 かな？

　はじめのルールを見直し、それを、「なぜ」「どのように」変えたのかを振り返ることが、大きさ比べの方法を確認することにつながる。
　また、4の続きとして、3番目、4番目の数も尋ねてみるとよい。
　例えば、4番目に大きな数は98765423であるが、違う数を答える子もいる。読み方と合わせて、確認しておきたい。

数直線と
不等号で表そう

本時の目標
・「何万何千」の数が，1000のいくつ分である
　かを考える。また，数直線上に表したり，読
　み取ったりすることができる。
・不等号の使い方を理解する。

授業の流れ

1 5桁の数で大きさ比べをしよう

「□□000」
2人で行います。それぞれ，数字
カードを1枚ずつ2回引きます。
1枚目を千の位，2枚目を一万の
位に入れて，「何万何千」という
数をつくります

大きさを比べるんだね

前時よりも簡単な大小比較のゲームである。
数字カードは0〜9を1セットだけ使うこと
にする。

　目的は，数直線上に表すこと。そうすること
によって差が視覚的に捉えられる。

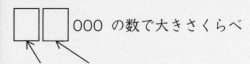

○月□日（△）

□□000 の数で大きさくらべ

2まい目1まい目

①カードは
　0〜9を1まいずつ。
②2人で対せん
　→交ごに2まいずつひいて，
　　□に入れる。
③けっかを記ろくする
　→数直線、不等号

2 できた数は，数直線上ではどの目盛りになるでしょうか

数が書いていないから
分からない

何万何千という数が表せるようにするに
は，どのように数を入れればよいかな？

　目盛りに数値が書かれていない数直線を提示
する（黒板にかいてもよい）。数字カードを引
いてできる数は1000刻みの数で，その最大の
数は98000であることから，数直線の1目盛り
を1000にして，10万まで書き込めるようにす
ればよいことに気付かせたい。

3 1回目と2回目の結果を比べてみましょう

残っている6枚のカードから，
さらに2枚ずつ引いてみよう

　1回目に，数字カードを2枚ずつ引いてで
きた数を数直線上で示した後，2回目を行
う。そして，2回目の結果も数直線上で示し
てみる。すると，2人の数字の差が開いた
（または，縮まった）ことが視覚的に捉えられ
るようになる。

1 かけ算

2 時こくと時間

3 わり算

4 たし算とひき算の筆算

5 長さ

6 あまりのあるわり算

7 大きな数

8 かけ算の筆算

9 円と球

本時の評価

・「何万何千」の数が，1000のいくつ分であるかを正しく
　表すことができたか。また，数直線上に表したり，数
　直線の目盛りを正しく読んだりすることができたか。
・不等号を使って，式の結果の大小を表すことができたか。

準備物

・数字カード（0から9が1枚ずつ
　のセットを，2人に1セット）

不等号を使って表すと…			

	あきら		よしえ
1回目	31000	<	64000 ← 1000の64こ分
2回目	95000	>	80000 ← 1000の80こ分
合計	126000	<	144000
	31000＋95000	<	64000＋80000

数値線

0　10000　20000　30000　40000　50000　60000　70000　80000　90000　100000　110000

↑あきら1　31000　1000の31こ分

↑よしえ1　64000

↑よしえ2　80000

↑あきら2　95000

※2回目の方が近い
（ちがいが少ない）

---

4 不等号を使って記録しておこう

　数直線だけではなく，できた数をノートに記録し，大小を不等号を使って表しておくようにする（上の黒板の右上部分参照）。

　そのときに，「合計で比べてみたら…」「差を比べてみたら…」といった比べ方もしてみるとよい。「1000の○個分」という言い方は，たし算やひき算をするときに，上の2桁だけを計算すればよいことの根拠となる。

まとめ

　本時で使った数直線の見方をもう一度振り返ってみたい。

・1目盛りは1000を表している。
・それは，10000を10等分していることから分かる。
・数字カードで引いた2桁の数が，目盛りの数と一致している（例：1目盛りが1000なので，0から数えて31個目の目盛りが31000を表す。→1000の31個分）。
・不等号の左右には式を入れることもできる（例：31000＋95000＜64000＋80000）。

本時案

いくつを
指しているかな？

6/8

本時の目標

・大きな数を表す数直線の目盛りの読み方について考え，正しく読んだり表したりできるようになる。

授業の流れ

1 ↑は，いくつを指しているでしょうか？

3番目の目盛りだけど，3ではないと思う

左端に，縦の長い棒がないから，分からない

右の方を見ると，ちょっと長い棒は5本おきだから，5や10を表しているはずだ

左端が0かどうか，まだ分からない

　左端が0ではない数直線を黒板にかく。この段階ではまだ「290万」「300万」「10万」の数値が数直線上に示されていない。

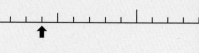

○月□日（△）

下の↑はいくつを指しているでしょうか。

↑は3ではないと思う。
・左はじにたてのぼうがない。
・長いぼうは5つおきだから5や10を表すと思う。
・左はじは0なの？
　↓
まだわからない。

---

2 ↑がいくつか，を求めるためには，何が分かればいいのかな？

1か所，教えてほしい

1か所だけじゃだめだよ。だってね……

「1目盛り分がいくつか」も分からないとだめ

　矢印は左から3番目の目盛りを指しているが，この段階では矢印がいくつを表すのか分からない。そこで，「何が分かれば矢印の値が分かるか」を子どもに考えさせる。

---

3 2か所分かればいいよ

　ここまでを整理すると，次のようになる。
・左端が分からないから，↑は分からない。
・1か所だけ分かっても，1目盛りがいくつかが分からないと，↑は分からない。
・2か所の数が分かれば，そこから1目盛りの大きさが求められるので，↑の値が決まってくる。

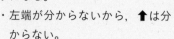

1 かけ算

2 時こくと時間

3 わり算

4 たし算とひき算の筆算

5 長さ

6 あまりのあるわり算

7 大きな数

8 かけ算の筆算

9 円と球

本時の評価

・数直線の1目盛り分がいくつになるかを，分かっている数をもとに考えることができたか。また，数直線の目盛りを正しく読んだり，数を数直線上に表したりすることができたか。

準備物

・数直線

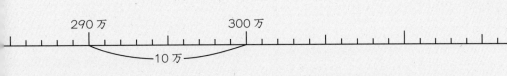

| ↑がいくつかをもとめるためには何がわかればよいだろうか。 | 290万と300万がわかりました。↑はいくつでしょうか。 |

・1か所わかればよい？
　↓
1か所だけではだめ。
1目もりがいくつかがわかればよい。

・2か所わかればよい。

・290万と300万の間は10万
・10目もりで10万だから1目もりは1万
・290万より左の長いぼうは280万
・280万の6つ前だから274万

☆数直線の目もりを読むためには，
1目もりがいくつになるかを考えるとよい。

4 ↑はいくつでしょうか？

290万と300万が分かりました

2つの数の間は10万だ

10目盛りで10万だから
1目盛りは…

290万の左の長い棒は
280万だね

↑は280万の6つ前だ
から274万！

上の吹き出しに示されているように，順序よく考えていけるとよい。

まとめ

300万

ここはいくつかな？

304万？

340万？

・左端が0ではない数直線もある。
・1目盛りの大きさは，数直線によって変わる。
・数直線の目盛りを読むためには，1目盛りがいくつになるかを考えるとよい。

　時間があれば，数直線の目盛りを読み取る練習問題を扱ってみるとよい。

本時案

500万に近い数の勝ち！

授業の流れ

1 「500万に近い数の勝ち」ゲームをしましょう

数字カードを1枚ずつ引いて，一の位から順に入れていくよ

最初に5が出ませんように

どうして「5が出ませんように」って言ったのかな？

　最初に引くカード，つまり一の位の数に「5が出ませんように」と言う子がいる。

　「百万の位のときに5が出てほしいから」というのがその理由だ。それに対し「4でもいいんじゃない？」と言う子もいる。「4」のときには，十万の位の数が大きければ500万に近くなる。そのことに気付いている反応である。

○月□日（△）

500万に近い数の勝ち！

〈やり方〉

① それぞれ0〜9の数字カードを持つ。
② 数字カードをうら返し，
　　1まいずつ引く。
③ 一の位からじゅんに□に入れる。

西山くん

一の位に5が出ませんように

どうして？

百万の位に 5 が出てほしいから

↑

4 でもいい？

---

2 どちらの数が500万に近いのかな？

ぼくは，7619523

私は，3659782

数直線に表してみると，どちらが500万に近いかが分かるかも

　このゲームは，500万に近い値の方が勝ちとなる。対戦する2人の数がどちらも500万以上（または，どちらも500万以下）の場合には，勝敗の判定が簡単にできるが，1人が500万より大きく，もう一人が500万より小さい場合には，すぐに判定できない場合がある。

3 500万からどのぐらい離れているか，計算で求められるかな？

ひき算をすればいいね

500万を引くのは簡単だ

500万から引くのは，繰り下がりがあって大変だね

　数字カードを引いてできた7桁の数が500万からどれだけ離れているかを細かく調べるために，差を計算で求めることにする。

　その計算は，「500万を引く」よりも「500万から引く」方が面倒である。

1 かけ算
2 時こくと時間
3 わり算
4 たし算とひき算の筆算
5 長さ
6 あまりのあるわり算
7 大きな数
8 かけ算の筆算
9 円と球

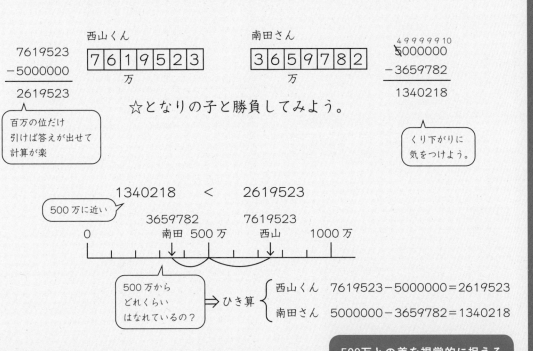

西山くん
7619523
−5000000
2619523

7 6 1 9 5 2 3
万

南田さん
3 6 5 9 7 8 2
万

5000000
−3659782
1340218

☆となりの子と勝負してみよう。

百万の位だけ引けば答えが出せて計算が楽

くり下がりに気をつけよう。

1340218　＜　2619523

3659782　　7619523

500万に近い

0　　南田　500万　　西山　　1000万

500万からどれくらいはなれているの？⇒ひき算
西山くん　7619523−5000000＝2619523
南田さん　5000000−3659782＝1340218

500万との差を視覚的に捉えるための方法として，結果を数直線に表してみることにする。

4　隣の子と勝負してみよう

3までは，代表の2人の子が前で対戦する。それを，みんなで見ながら，ゲームの進め方や勝敗の決め方などを確認していく。

その過程の中で，数直線に表してみるとか，計算で差を求めるというようなアイディアを引き出していきたい。また，ひき算の筆算の仕方は，桁数が増えても変わらないということを押さえておくようにする。

まとめ

5367241　5189067
百万の位はどちらも5だね

十万の位を比べれば大小が分かります

「500万に近い数」には，500万を超える数とその手前の数がある。

百万の位が5以上の場合は，十万の位の数が小さい方が近い。一方，百万の位が4以下の場合は，十万の位の数が大きい方が近いと言える。このように，どの位に着目して判断すればよいかといったことにも触れておきたい。

本時案

23を
10個足すと？

本時の目標

・ある数を10倍，100倍，1000倍すると，位がそれぞれ1つずつ，2つずつ，3つずつ上がることを理解する。

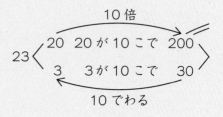

○月□日（△）

① 23＋23＋23＋23＋23＋23＋

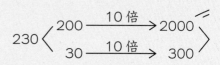

② 230＋230＋230＋230＋230＋

授業の流れ

1 23＋23＋……＋23＝？

23ばっかり並んでる

23を10個足すんだね

「23の10倍」を問う問題である。

同じ数を10個も足す経験はあまりないのではないかと思われる。実際に，23＋23＝46，46＋23＝69……のように一度順番に足してみるとよい。答えが230になることを面白いと感じる子も多い。

その後で，23を20と3に分けて計算する方法にも目を向けていく。

2 23を20と3に分けて計算すると…

お金で考えると，23円は10円玉2枚と1円玉3枚

その10個分だから，10円玉20枚と1円玉30枚になるね

お金や2色のおはじきなどで，10を●1個，1を○1個のようにして23を表すと，●2個と○3個になる。これの10倍なので，●20個，○30個になる。●が20個で200を表すので全部で230ということになる。

3 さっきと同じだよ

「では，今日の2問目です」と言って，「230＋230＋……＋230＝？」のように，230を10個足す計算式を書く。これに対して，「さっきと同じだよ」と反応する子がいると思われる。

この声を取り上げ，計算の仕方の同じところをみんなで考えていくことにする。

例えば，2色のおはじきで230を表してみる。100を◎1個，10を●1個で表すと23を2色のおはじきで表したときと同じように見える。

1 かけ算

2 時こくと時間

3 わり算

4 たし算とひき算の筆算

5 長さ

6 あまりのあるわり算

7 大きな数

8 かけ算の筆算

9 円と球

本時の評価

・ある数を10倍すると位が1つ上がり，10で割ると位が1つずつ下がることを，言葉や図を使って説明できたか。
・ある数を10倍，100倍，1000倍した数を正しく表すことができたか。

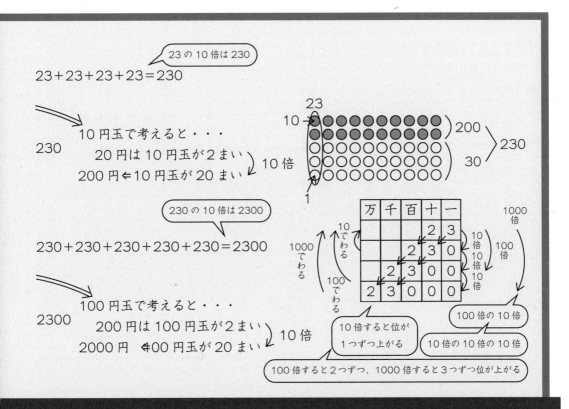

23の10倍は230

23＋23＋23＋23＝230

230

10円玉で考えると・・・
　20円は10円玉が2まい
　200円←10円玉が20まい

10倍

230の10倍は2300

230＋230＋230＋230＋230＝2300

2300

100円玉で考えると・・・
　200円は100円玉が2まい
　2000円←100円玉が20まい

10倍

10倍すると位が1つずつ上がる

100倍の10倍

10倍の10倍の10倍

100倍すると2つずつ，1000倍すると3つずつ位が上がる

4 同じところはどこかな？

　さらに付け加えるならば，◎や●のおはじきに置き換えなくても，「23の10倍」を考えたときの●を100，○を10と見れば同じおはじきが今度は「230の10倍」を表すものに見えてくる。23の10倍は230，230の10倍は2300なので，見た目には「10倍をすれば0が1つ増える」だけのことのように見えるが，いろいろな「同じ」に気付かせながら，数の見方を豊かにしていけるとよい。

まとめ

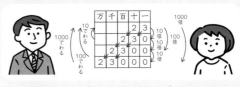

　板書の右下部分にあるように，10倍，100倍…した数の位をそろえてみる。すると，10倍するごとに位が1つずつ上がっていくことが分かる。
　「10倍の10倍は100倍」「100倍の10倍は1000倍」「10倍，100倍…」の逆は「10で割る，100で割る…」ということと含めて整理しておきたい。

8 かけ算の筆算 　9時間扱い

単元の目標

- 2位数や3位数に1位数をかける乗法の計算の仕方について考える。
- 2位数や3位数に1位数をかける筆算の仕方を理解し，正しく計算できる。

評価規準

知識・技能	○2，3位数×1位数の筆算の仕方を理解し，確実に計算できる。
思考・判断・表現	○これまで学習してきた乗法の意味や数の見方，計算の性質を活用して，2，3位数×1位数の計算の仕方を考えたり説明したりできる。 ○乗法が使える場面を判断し，乗法を適切に使ったり計算の工夫に生かしたりする。
主体的に学習に取り組む態度	○乗法の意味や数の見方，計算の性質を活用して計算の仕方を考えようとする。 ○日常生活や学習の中で，乗法の計算を活用しようとする。

指導計画 　全9時間

次	時	主な学習活動
第1次 2桁×1桁のかけ算	1	鉛筆3本の代金を求める場面で，40×3の計算の仕方を考える。
	2	ケーキを6個の代金を求める場面で，300×6と21×6の計算の仕方を考える。
	3	21×6の計算の仕方を振り返り，筆算形式につなげる。
	4	3年生4クラスの児童数を求める場面で，2桁×1桁の計算を活用する。
	5	1□×△と1△×□の積の差について考えることを通して，筆算の仕組みを見直す。
第2次 3桁×1桁のかけ算	6	走った道のりを比べる場面で，3桁×1桁の計算の仕方について考える。
	7	3桁×1桁の筆算の仕方を確かめる。
第3次 かけ算の答えの大きさ	8	3枚の数字カードを並べて2桁×1桁の筆算をつくり，答えが最大になる場合を見つける。
	9	饅頭の代金を求める場面で，乗法は計算の順序を変えても答えが変わらないことに気付く（結合法則）。

1 かけ算

2 時こくと時間

3 わり算

4 たし算とひき算の筆算

5 長さ

6 あまりのあるわり算

7 大きな数

8 かけ算の筆算

9 円と球

単元の基礎・基本と見方・考え方

2位数×1位数の計算については，第2学年のときに12程度までの2位数と1位数との乗法について学習している。また，本単元よりも前に，被乗数や乗数が0の場合の乗法についても扱っている。

本単元では，既習事項を使って，2位数×1位数，3位数×1位数の計算の仕方を考えたり，説明したりすることをねらいとしている。

⑴計算の仕方を考える

例えば，24×3であれば，次のように計算する子が出てくると予想される。

①24を3回足す。24＋24＋24＝72

②24を8×3とみて，結合法則を使い，24×3＝（8×3）×3＝8×（3×3）＝8×9＝72

③24を20＋4とみて，分配法則を使い，24×3＝（20＋4）×3＝20×3＋4×3＝60＋12＝72

24をどのようにみるか，といった数の感覚が，計算の仕方に表れることになる。なお，③の計算の仕方は，筆算に結びつく考え方である。

⑵何十×1位数，何百×1位数の計算

何十×1位数の計算の仕方として，「何十の0を取ってかけ算をし，後から0をつける」というように形式的に教えたのでは，答えを正しく求めることができたとしても，そこには計算のイメージはない。

例えば，20×3の計算であれば，20を「10が2つ」とみて，2×3の九九を利用して求められることを理解させたい。つまり，右の図のように10を単位にしたものの2つ分の3倍（10の6つ分）と考えるわけである。この「2つ分」の2は，20の十の位を見れば分かるのである。

何百×1位数の計算についても同様に考える。つまり，300×4のような計算であれば，100を単位にしたものの3つ分の4倍であると捉えるのである。

⑩ ⑩　　⑩ ⑩　　⑩ ⑩

20×3＝（10×2）×3＝10×（2×3）

⑶筆算形式を教える

上記⑴の③のような計算の方法（被乗数を十の位と一の位に分けて計算する）を基にして，筆算形式を教える。

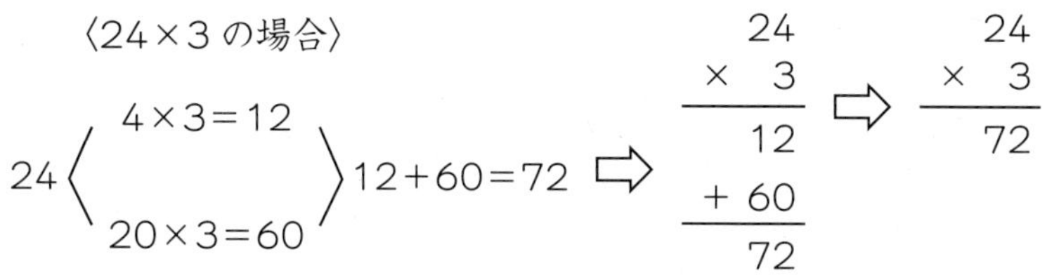

〈24×3の場合〉

$$24 \left\{ \begin{array}{l} 4\times3=12 \\ \\ 20\times3=60 \end{array} \right\} 12+60=72 \Rightarrow$$

$$\begin{array}{r} 24 \\ \times\ 3 \\ \hline 12 \\ +\ 60 \\ \hline 72 \end{array} \Rightarrow \begin{array}{r} 24 \\ \times\ 3 \\ \hline 72 \end{array}$$

⑴の①のように累加で計算する場合，右のような加法の筆算を書いて答えを求める子もいる。この筆算でも，一の位と十の位に分けてそれぞれ計算している点では共通しているとみることができる。

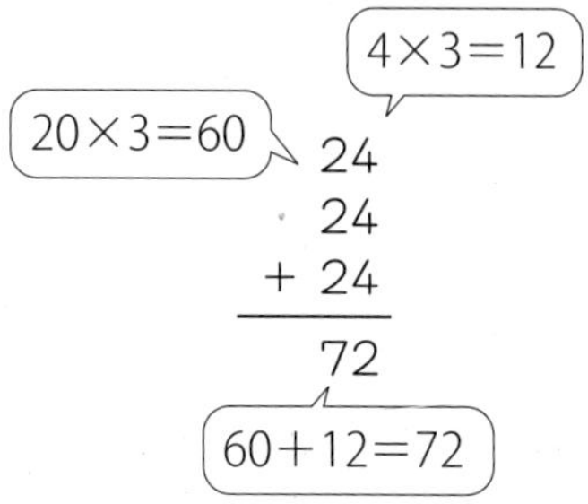

いずれの計算方法も，その基本には十進位取り記数法があるということである。

〔4×3=12〕

〔20×3=60〕

$$\begin{array}{r} 24 \\ 24 \\ +\ 24 \\ \hline 72 \end{array}$$

〔60＋12＝72〕

鉛筆の代金の求め方を考えよう

授業の流れ

1 1本買うのに，硬貨が4枚必要です

その硬貨は，全部同じ種類なの？

その硬貨に，穴は開いていますか？

同じ種類です。穴は開いていません

穴が開いていない硬貨は，1円玉，10円玉，100円玉，500円玉の4種類。同じ種類の硬貨4枚分が鉛筆1本の値段という設定である。この硬貨が1円玉だと鉛筆の値段としては安すぎるし，100円玉だと高すぎるので，10円硬貨であることが分かる。だから，鉛筆は1本40円となる。

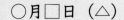

〇月□日（△）

同じしゅるい，あなは開いていない

えんぴつを3本買います。
このえんぴつを買うのにこうかが4まいひつようです。
代金は全部でいくらでしょうか。

安すぎる

こうかが1円玉だったら　1本4円
| 10円玉だったら　1本40円 |
100円玉だったら　1本400円

高すぎる

1本⇒10円玉4まいのとき
代金は120円

2 この鉛筆3本の代金はいくらでしょうか？

120円になります

どんなふうに計算したのかな？

鉛筆1本が40円であることが分かれば，立式しなくても，3本分の代金が分かる子はたくさんいる。そこで，先に答えを確認する。
「120円」である。この答えを求めるときにどのような計算をしたのかをはっきりさせていくことが，本時の「めあて」となる。

3 答えの120円をどのようにして求めましたか

10×4＝40
40×3＝120（円）

この式を，図を使って説明してみましょう

10×4＝40は，鉛筆1本分の値段（10円玉4枚分）を求める式である。40×3＝120は，その3本分の代金を表す式である。この答えは，たし算（40＋40＋40＝120）でも求められる。

1 かけ算

2 時こくと時間

3 わり算

4 たし算とひき算の筆算

5 長さ

6 わり算のあまりのある

7 大きな数

8 かけ算の筆算

9 円と球

本時の評価

・鉛筆3本の代金の求め方を，式や図に表しながら考えたり説明したりすることができたか。
・「10のいくつ分」という見方を働かせながら，40×3の計算について考えることができたか。

準備物

・必要に応じて，10円玉を表すおはじき（や模型）を使う。

> 120円を計算でもとめるときの式を考えよう。

①10×4×3＝120
②10×4＝40
　40×3＝120　　}同じ考え
※1本のねだんを先にもとめる

③10×12＝120
④4×3＝12
　10×12＝120　　}同じ考え

※10円玉のまい数を先にもとめる

⇒10円玉の数を考えて答えをもとめることができる。　　40×3＝120
　　　　　　　　　　　　　　　↑
①は1つの式，②は2つの式で表している。

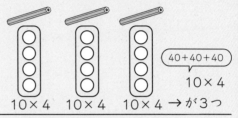

10×4　10×4　10×4 →が3つ

40+40+40
10×4

③は1つの式，④は2つの式で表している。

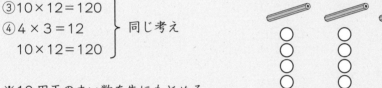

10円玉が12まい→10×12＝120
（4×3）

---

4 ぼくは，4×3＝12，10×12＝120と計算しました

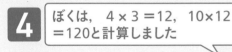

4×3＝12は，何を求めている式なのかな？

10円玉の枚数を求めています

　先に10円玉の枚数（12枚）を求め，10円玉が12枚で120円（10×12＝120）になるという考え方である。
　この考えを，先ほどと同様に，図に表しながら確かめていく。

5 2つの考え方は，問題のお話に合っていますか

上は，先に「鉛筆1本の値段」を求めています

下は，先に「10円玉の枚数」を求めています

どちらの考えも，お話に合っています

　①〜④の4つの式を見ると，①と②，③と④がそれぞれ同じ考え方を表していることが分かる。そして，この2つの考え方は，どちらも問題文の場面に合っている。
　このことから，40×3＝10×（4×3）という計算方法につなげていきたい。

本時案

ケーキの代金の求め方を考えよう

本時の目標

・300×6や21×6の計算の仕方を，お金の絵などをもとにしながら考えることができる。
・300×6や20×6の計算は，100や10を単位として計算すればよいことを理解する。

授業の流れ

1 ケーキ6個の代金はいくらでしょうか

ケーキ1個の値段は何円ですか？

硬貨3枚分です

その硬貨は，全部同じ種類なの？

ケーキの絵をかき，その横に問題文を書く。問題文にケーキ1個分の値段が示されていないので，子どもから「ケーキの値段を教えてほしい」という声が出される。

そこで，ケーキの絵の下に，硬貨3枚のシルエットをかく。3枚のうち2枚は同じ大きさ。残りの1枚は，少し小さめに。

○月□日（△）

ケーキを6こ買います。代金はいくらでしょうか？

Q：ケーキ1このねだんは何円ですか？
A：こうか3まい分です。

Q：そのこうかはあなが開いていますか？
A：開いていません。

Q：こうかのしゅるいは全部同じですか？

2 もし，硬貨が全部100円玉だとしたら，代金はいくらかな？

100円玉3枚分ということは，ケーキ1個の値段は300円だ

その6個分だから，式は300×6になるね

前時には，（何十）×（1桁）の計算について考えた。本時の前半は，（何百）×（1桁）の計算について考える。そのための場面設定である。

100を単位として考えられるようにしたい。

3 ケーキ1個分は，100円玉3枚だから……

ケーキ6個分だと，3×6＝18で，100円玉18枚になるね

100円が18枚で1800円だ

300×6の計算を，「300の0を2つ取って3。3×6＝18。18に0を2つつけて1800」のように，形式的に処理する子が多い。

3や18は，100の数を表していることを図などから捉えられるようにしたい。

1 かけ算

2 時こくと時間

3 わり算

4 たし算とひき算の筆算

5 長さ

6 あまりのあるわり算

7 大きな数

8 かけ算の筆算

9 円と球

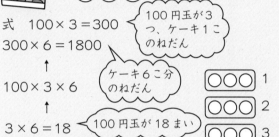

もし，こうかが全部100円玉だとしたら，代金はいくらかな？

でも…
さいしょの絵を見ると，こうかの大きさがちがうよ。

式　100×3 ＝ 300
300×6 ＝ 1800

↑
100×3×6
↑
3×6 ＝ 18
100×18 ＝ 1800（円）

答え　1800円

100円玉が3つ，ケーキ1このねだん

ケーキ6こ分のねだん

100円玉が18まい

1
2
3
4
5
6

小さな一口ケーキ
1こ 21円だとすると6この代金はいくら？

1
2
3
4
5
6

21×6 ＝ 126
答え　126円

20×6 ＝ 120
1×6 ＝ 6

合わせて126円

6円

20×6
2×6 ＝ 12　10円玉12まい ⟶ 120円

4 でも，最初の絵を見ると，硬貨の大きさが1つだけ違うよ

10円玉2枚と1円玉1枚だとすると，ケーキ1個の値段は21円です

小さいケーキなのかなあ

式は，21×6だね

ケーキ6個分の代金を，お金の絵を使って表すと，黒板右下のような図になる。
10円玉と1円玉に分けて数えると，10円玉が12枚（＝120円），1円玉が6枚（＝6円）になることが分かる。

5 ケーキ1個が21円のとき，6個の代金はいくらになりますか

120円と6円を合わせて，126円になります

21×6＝126

次時には，本時の後半に考えた内容を整理しながら，（2桁）×（1桁）の筆算の仕方を教えていく。21円を，20円（十の位）と1円（一の位）とに分けてそれぞれを6倍し，それを合わせて答えを求めていることを印象づけておきたい。

本時案

2桁×1桁の筆算の仕方を覚えよう

授業の流れ

1 昨日の問題を思い出しましょう

前時の後半で扱った問題を振り返るところから授業は始まる。

お金の絵を示しながら，10円と1円に分けて答えを求めたことを確認する。10円玉は（2×6）枚で，1円玉は（1×6）枚となり，合わせて126円である。

本時の目標

・2桁×1桁のかけ算の筆算の形式を理解し，正しく計算ができるようになる。

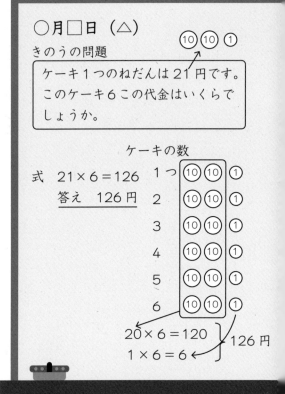

○月□日（△）

きのうの問題

ケーキ1つのねだんは21円です。このケーキ6この代金はいくらでしょうか。

ケーキの数

式　21×6＝126
答え　126円

20×6＝120
1×6＝6
126円

---

2 この図を数字で表してみるよ

お金の図を数字に置き換えてみる。すると，21が縦に6個並び，たし算の筆算の形になる。この合計を求めるとき，一の位は1×6で，十の位は2×6の計算をして求めることになる。

3 21を一の位と十の位に分けて答えを求めていますね

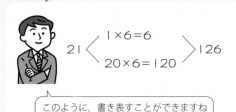

$1×6＝6$
21
$20×6＝120$
126

このように，書き表すことができますね

たし算の筆算のときの計算の仕方を，別の表し方で表現すると，上のようになる。これが，そのままかけ算の筆算の部分積（6と120）になることを理解させる。

1 かけ算

2 時こくと時間

3 わり算

4 たし算とひき算の筆算

5 長さ

6 あまりのあるわり算

7 大きな数

8 かけ算の筆算

9 円と球

本時の評価

・前時に行った計算の仕方を再現することができたか。
・21×6の筆算の仕方を理解し，正しく書くことができたか。
・筆算で2桁×1桁の計算を正しくすることができたか。

準備物

・前時の問題文や，計算の仕方をまとめたものがある場合は，それを用意しておく。

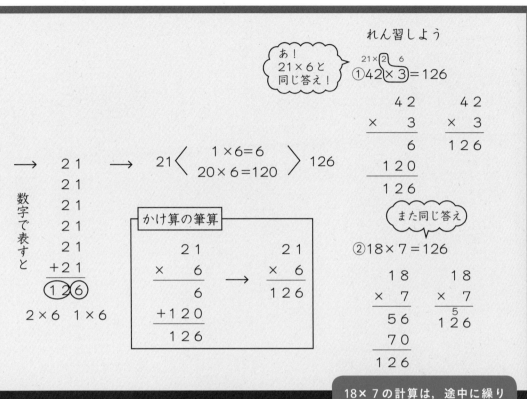

あ！
21×6と
同じ答え！

れん習しよう

① 42×3 = 126

```
   42        42
 ×  3      ×  3
    6        126
  120
  126
```

また同じ答え

② 18×7 = 126

```
  18        18
 × 7       × 7
  56        126
  70
  126
```

数字で表すと

```
   21
   21
   21
   21
   21
 + 21
  126
2×6 1×6
```

→ 21 < 1×6=6 / 20×6=120 > 126

かけ算の筆算

```
   21          21
 ×  6        ×  6
    6          126
 +120
  126
```

18×7の計算は，途中に繰り上がりがあるので注意したい。

4 21×6の筆算は，このように書きます

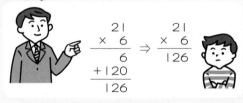

```
   21         21
 ×  6   ⇒   ×  6
    6         126
 +120
  126
```

かけられる数を一の位と十の位に分け，それぞれに6をかけた数を足して答えを求めるやり方は，お金の絵を使って考えた方法と同じである。さらに，20×6の積の一の位は0になることから，部分積を2段に分けて書かずに，そのまま一の位に並べて十の位と百の位を書けば答えになることを教える。

5 計算練習をします。
次のかけ算を筆算でしましょう

1問目。42×3＝？

126です

21×6と同じ答えだね

21×6と42×3を並べてみると，面白いことに気付いたよ

2問目の答えも126になるのかなあ

はじめのうちは，部分積を書くやり方で筆算をさせてもよい。そうすることで，どこを計算しているのかがはっきりする。

練習問題は子どもの期待感を引き出すために，全部答えが同じになるようにしてみた。

本時案

4クラスの合計人数を求めよう

本時の目標

・2桁×1桁の計算を，4つの数の合計を求める場面で使うことができる。
・合計を求めるために，仮の数にそろえてかけ算を使い，後から過不足を調整できる。

授業の流れ

1 3年生は全部で何人でしょうか

4クラスの人数を足せばいいね

35＋34＋34＋35＝138人だ

かけ算を使って答えを求めることもできるよ

　4つのクラスの児童数を求める問題である。同じ人数のクラスがあることから，「かけ算を使って求められる」という意見が期待できる。ただし，かけ算だけでは求めることができないので，かけ算と何算を使うのかを尋ねてみる。

○月□日（△）

ゆかりさんの学校の3年生は4クラスあります。
1組と4組は35人で
2組と3組は34人です。
この学校の3年生は全部で何人でしょうか。

たし算でもとめられる。けど…
35＋34＋34＋35＝138

```
  1
  3 5
  3 4
  3 4
＋3 5
─────
1 3 8
```
答え　138人

2 かけ算とたし算を使うよ

35人のクラスが2クラスあるから，35×2を計算します

2組と3組も同じ人数だね

35×2と34×2を計算して，後から足せばいいね

　同じ数がいくつかあり，その合計を求めるときにかけ算が使える。
　2桁の同じ数を2つ足すぐらいであれば，たし算の方が簡単だと思う子もいるかもしれない。

3 かけ算とひき算を使うよ

合計を求めるのに，ひき算を使うの？

2組と3組も35人にして計算すると2人多くなるからね

　4クラスとも35人だとしたら，35×4と計算できるので，かけ算を使ってもっと楽に答えを求めることができる。
　「多かった分（2人）を後から引く方が簡単」という発想である。

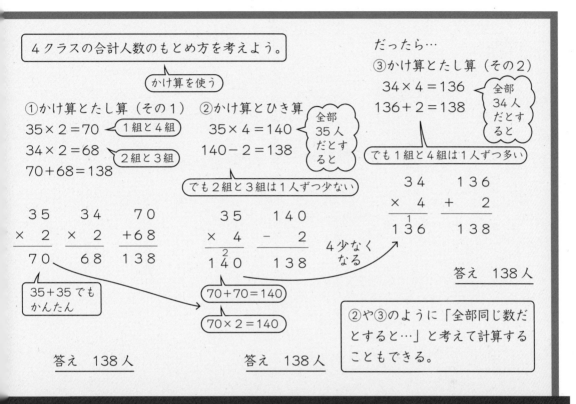

本時の評価

- 4クラスの児童数の合計を求めるときに，かけ算を使うことができたか。また，正しく計算できたか。
- 「全部35人（34人）だとしたら」のように考えて，過不足分を後から引いたり足したりする方法を理解できたか。

4クラスの合計人数のもとめ方を考えよう。

かけ算を使う

だったら…
③かけ算とたし算（その2）

$34 \times 4 = 136$
$136 + 2 = 138$

全部34人だとすると

①かけ算とたし算（その1）

$35 \times 2 = 70$ ← 1組と4組
$34 \times 2 = 68$ ← 2組と3組
$70 + 68 = 138$

②かけ算とひき算

$35 \times 4 = 140$
$140 - 2 = 138$

全部35人だとすると

でも1組と4組は1人ずつ多い

でも2組と3組は1人ずつ少ない

```
  3 5     3 4     7 0
×   2   ×   2   + 6 8
  7 0     6 8   1 3 8
```

```
    3 5       1 4 0
  ×   4     -     2
  1 4 0     1 3 8
```
4少なくなる

```
    3 4       1 3 6
  ×   4     +     2
  1 3 6     1 3 8
```

答え　138人

35+35でもかんたん

$70 + 70 = 140$

$70 \times 2 = 140$

②や③のように「全部同じ数だとすると…」と考えて計算することもできる。

答え　138人

答え　138人

4 だったら…。かけ算とたし算を使う別の計算の仕方があるよ

全部のクラスが34人だと考えると，34×4と計算できるね

1組と4組は35人だから，後から2人足せば合計が求められる

②の発想は，「全部同じ数だとしたら，×4が使える」ということである。だとすれば，「4クラスとも34人」として計算することもできる。他の考えからヒントを得て，新たな考えが出せるとよい。

5 ②と③の方法の似ているところはどこかな？

どちらも，「全部同じ数だとすると…」と考えている

②や③のように，同じ数をいくつかつくってかけ算を使えるようにするという計算の仕方は，同じぐらいの数値の合計を求めるときに使える方法である。基準を決めて，それよりも多い部分で考える方法は，平均を求めるときなどにも使える。

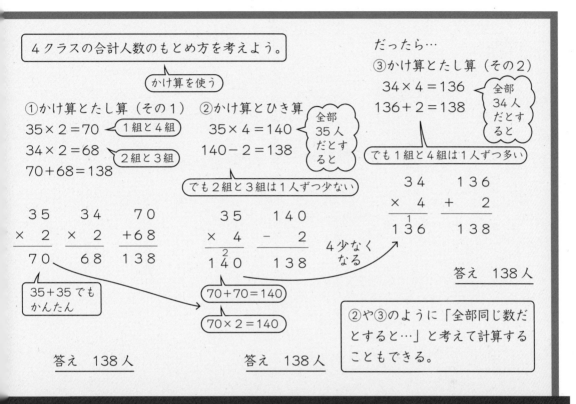

1 かけ算
2 時こくと時間
3 わり算
4 たし算とひき算の筆算
5 長さ
6 あまりのあるわり算
7 大きな数
8 かけ算の筆算
9 円と球

本時案

1□×□の答えを比べてみよう

本時の目標

・1□×△の□と△を入れ替えたとき，積の大きさは□と△の差の10倍だけ変わることに気付く。また，その理由を考えることを通して，筆算の仕組みについて見直したい。

授業の流れ

1 下の式の□の中に数字カードを入れて計算します

答えが一番小さくなる式がつくれるよ

大きいのもつくれるよ

　2～5の4枚の数字カードの中から，2枚を選び，1□×□の□に入れる。その答えが最小（または最大）になる式をつくる問題である。子どもは，答えを最小にするにはできるだけ小さい数のカードを選べばよい（最大の場合はその逆）と考える。

○月□日（△）

2 3 4 5

4まいの数字カードがあります。
下の式の□の中にカードを入れて計算します。
答えが一番〜〜〜〜なるようにしましょう。

1 □ × □

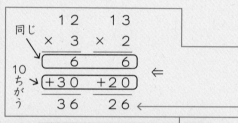

同じ
```
   12      13
×   3    ×   2
─────    ─────
    6        6
+30      +20
─────    ─────
   36       26
```
10ちがう

この部分は，きまりが成り立つ説明。必要に応じて板書する。

2 答えが一番小さくなる式をつくりましょう

□の中に，2と3を入れればいいね

12×3＝36　　13×2＝26
□の中の数を入れ替えたら，答えが10小さくなった

　はじめに，「答えが一番小さくなる」式を考える。子どもは，12×3と13×2の答えが同じになると考える。かけ算は交換法則が成り立つからである。ところが，計算してみると同じ答えにならないので驚く。

3 答えが一番大きくなる式の場合はどうだろう？

□の中に，4と5を入れればいいね

14×5＝70　15×4＝60
また，答えが10違うよ

□の中の数を入れ替えると，いつでも答えは10違うのかな？

　□の中に4と5を入れる場合も，かけられる数とかける数のカードを入れ替えると答えは10違う。
　これを見て，「いつでも答えは10違うのか，調べてみたい」と言う子が出てくる。

1 かけ算

2 時こくと時間

3 わり算

4 たし算とひき算の筆算

5 長さ

6 あまりのあるわり算

7 大きな数

8 かけ算の筆算

9 円と球

本時の評価

・1 □×□の□に 2 ～ 5 の数を入れて，答えが最小（最大）になる式を予想できたか。
・1 □×△の□と△を入れ替えたときの積の差について，きまりを理解することができたか。

準備物

・2 ～ 5 の数字カード各 1 枚

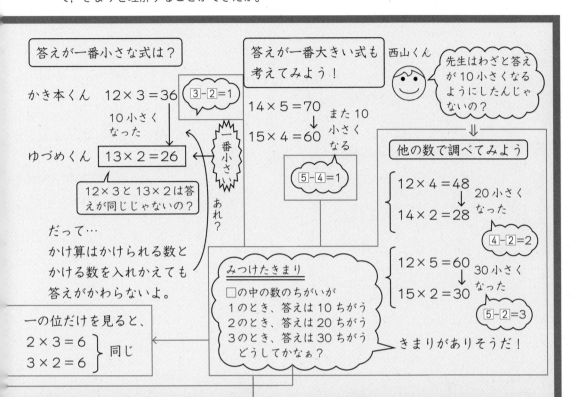

答えが一番小さな式は？

かき本くん　12×3＝36

3−2＝1

10 小さくなった

ゆづめくん　13×2＝26

12×3 と 13×2 は答えが同じじゃないの？

一番小さい　あれ？

だって…
かけ算はかけられる数とかける数を入れかえても答えがかわらないよ。

一の位だけを見ると，
2×3＝6
3×2＝6　同じ

答えが一番大きい式も考えてみよう！

14×5＝70
15×4＝60　また 10 小さくなる

5−4＝1

みつけたきまり
□の中の数のちがいが
1 のとき、答えは 10 ちがう
2 のとき、答えは 20 ちがう
3 のとき、答えは 30 ちがう
どうしてかなぁ？

西山くん
先生はわざと答えが 10 小さくなるようにしたんじゃないの？

他の数で調べてみよう

12×4＝48
14×2＝28　20 小さくなった

4−2＝2

12×5＝60
15×2＝30　30 小さくなった

5−2＝3

きまりがありそうだ！

4 □の中に，他の数を入れて調べてみよう

2 と 4 のときは……。
12×4＝48　14×2＝28
答えが 20 小さくなったよ

2 と 5 のときは……。
12×5＝60　15×2＝30
今度は 30 小さくなったよ

　□の中に入れる数を変えて調べると，きまりが見えてくる。□の中の数を入れ替えたときの答えの差は，□の中の数の差の 10 倍になっている。そうなる理由が気になるところである。

かけ算の筆算の仕組み

　4 で見つけたきまりが成り立つ理由については，かけ算の筆算の部分積を比べてみると分かるのではないかと思われる。

（例）12× 4 ＝28 と 14× 2 ＝28 の比較

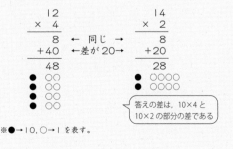

```
    12              14
  ×  4            ×  2
 ─────           ─────
     8  ← 同じ →      8
  ＋40  ←差が20→    ＋20
 ─────           ─────
    48              28
● ○○             ● ○○○○
● ○○             ● ○○○○
● ○○
● ○○
```

答えの差は，10×4 と 10×2 の部分の差である

※●→10，○→1 を表す。

本時案

走った道のりを
比べよう

授業の流れ

1 どちらが長い道のりを走りました
か

回った回数は，前田さんの
方が多いけど……

公園と池のまわりの道のりが
分からないと比べられないよ

まわりの道のりが分かれば，
走った道のりはかけ算で
求められる

　最初に提示した問題だけでは，2人が走っ
た道のりを比べることはできない。

　条件不足の問題にすることによって，子ども
が，問題場面に積極的に関わろうとする姿を引
き出そうとした。また，その先の演算について
も見通しをもたせたいものである。

○月□日（△）

中村くんと前田さんが
マラソンのれん習をしました。
中村くんは，公園のまわりを2しゅう，
前田さんは，池のまわりを3しゅう
しました。
　どちらが長い道のりを
走りましたか？

公園のまわり
池のまわり ┤ 道のりがわからないと
　　　　　　 答えられない…。

---

2 公園のまわりは312m，池のま
わりは213m です

2人が走った道のりは，
だいたい同じじゃないの？

どうして，そう思ったの？

どちらもだいたい 600mぐらい
だということが分かるから

　中村君は約300m を 2周，前田さんは約
200m を 3周で，300×2 も200×3も600にな
ることに気付く子がいるだろう。

　つまり，残りの12×2と13×3の差が，2人
の差になるということである。

3 2人の走った道のりを，それぞ
れ求めてみましょう

中村君は，何m走ったのかな？

式は，312×2 です

12×2 の答えを，600 に足せば
いいんじゃない？

　上の発想は，312を12と300に分けて計算す
るという考えにつながるものである。

　12×2 はすでに計算できるので，この答えの
24を600に足して，中村君の走った道のりは
624mであることが分かる。

1 かけ算

2 時こくと時間

3 わり算

4 たし算とひき算の筆算

5 長さ

6 あまりのあるわり算

7 大きな数

8 かけ算の筆算

9 円と球

本時の評価

・3桁×1桁の答えの求め方を考えることができたか。
・3桁×1桁の筆算の仕方を理解することができたか。

準備物

・特になし

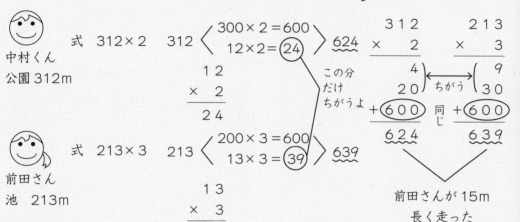

走った道のりをもとめてみよう

式をぱっと見ると、だいたい同じ （理由）

だいたい
300×2＝600
200×3＝600 }どちらも600mくらい

中村くん
公園 312m

式　312×2

```
  1 2
×   2
─────
  2 4
```

312 <
300×2＝600
12×2＝（24）
> 624

```
  3 1 2
×     2
───────
      4
    2 0
+（600）
───────
  6 2 4
```

この分
だけ
ちがうよ

ちがう

前田さん
池　213m

式　213×3

```
  1 3
×   3
─────
  3 9
```

213 <
200×3＝600
13×3＝（39）
> 639

```
  2 1 3
×     3
───────
      9
    3 0
+（600）
───────
  6 3 9
```

同じ

前田さんが15m
長く走った

3けた×1けたの計算も、位ごとに分けて計算すると筆算できる。

4 筆算の仕方を確かめましょう

2桁×1桁のときと同じように，位ごとに計算してから，最後に足せば答えが求められるね

一の位から順に計算し，途中の答えも残すと分かりやすいね

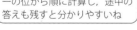

　はじめのうちは，板書の右端にあるような，部分積を残す書き方をしてもよい。
　中村君と前田さんの2人の走った道のりが分かった後，計算の仕方を振り返りながら筆算の形式に整理するとよいだろう。

5 結果を整理しましょう

中村君の走った道のりは，312×2＝624m

前田さんの走った道のりは，213×3＝639mだから，前田さんの方が長く走ったことになるね

2人の違いは，639−624＝15m

　3桁×1桁の筆算も，2桁×1桁と同じ手順で行えばよいことを押さえておきたい。
　つまり，かけられる数を位ごとに分け，一の位から順にかける数をかけていく。その合計が，答えになるということである。

本時案

かけ算の筆算の仕方を確かめよう

本時の目標
・3桁×1桁の筆算の仕方を説明し合い，確実にできるようにする。

授業の流れ

1 3桁×1桁の問題をいろいろ出します。筆算で答えを求めましょう

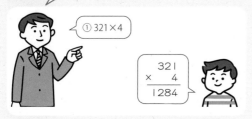

① 321×4

```
  321
×   4
 1284
```

本時は，3桁×1桁の筆算の様々なパターンについて確認する時間である。

1問目は，繰り上がりのない計算である。前時の学習を振り返りながら，部分積を書かずに計算する方法を確認する。

○月□日（△）

筆算の仕方をたしかめよう。

①321×4

```
  321
×   4
 1284
```

③876×7

```
  876        876
×   7      ×   7
 6132        42
            490
          +5600
           6132
```

②341×5

```
  341        341
×   5      ×   5
 1705          5
             200
           +1500
            1705
```

④334×3

```
  334
×   3
 1002
```

2 2問目は，341×5です

40×5＝200の2と300×5＝1500の5を足して，百の位は7になります

繰り上がった2を忘れないように，小さく書いておくといいですね

③ 876×7　④ 334×3
この計算も，途中に繰り上がりがあります

②〜④の問題は，途中に繰り上がりのある計算である。

③の問題では，十の位の4＋9から繰り上がった1と7×7＝49の4を足した5を百の位に小さくメモして計算を進める。

3 5問目は，320×4です

かけられる数の一の位が0なので，答えの一の位は0と分かりますね

32×4を計算し，後から一の位に0をつけてもいいですね

⑥ 700×6

かけられる数の一の位が0，一の位と十の位が00のような場合は，0の部分を先に書いたり，後から書いたりしても答えを出すことができる。そのようにしてよい理由を確かめながら，理解させたい。

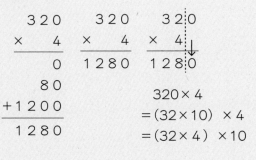

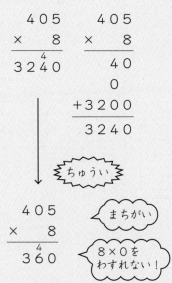

⑤320×4

⑥700×6

⑦405×8

4 7問目は，405×8です

$$\begin{array}{r}405\\\times\ \ \ 8\\\hline 360\end{array}$$
この計算の仕方は，どこが間違っているのかな？

十の位の8×0＝0を忘れているよ

　百の位の計算は，400×8＝3200なのに，320と計算してしまっている。

　8倍しているのに，答えがかけられる数よりも小さくなっているから「おかしい」と気付く子もいる。

まとめ

　1桁をかける筆算の場合は，普通，部分積を書かないが，部分積を書いたものと比較してみることによって，どこの位の計算をしているのかがはっきりとしてくる。すると，繰り上がりの数が分かりやすくなることもある。子どもの実態に合わせて，取り入れてみるとよいだろう。

　⑤や⑥では，0の部分をずらして筆算する方法も紹介しているが，混乱を招くような場合は取り上げなくてよい。使い方を正しく理解できる場合は，便利な方法である。

1 かけ算

2 時こくと時間

3 わり算

4 たし算とひき算の筆算

5 長さ

6 あまりのあるわり算

7 大きな数

8 かけ算の筆算

9 円と球

本時案

答えが最大になる筆算をつくろう

授業の流れ

1 2，3，5の3枚の数字カードを並べて，2桁×1桁の筆算をつくります

いろいろつくることができるね

答えが一番大きくなるように，数字カードを並べましょう

　問題の意味を捉えさせるために，筆算の□の中に数字カードを当てはめてみて，何通りかの筆算ができることを理解させる。

　そして，答えが一番大きくなる場合を問うようにする。

○月□日（△）

2 3 5

3まいのカードがあります。
このカードを下の筆算の□の中に入れて計算をします。
答えが一番大きくなる筆算をつくりましょう。

よそう

$$\begin{array}{r} 5\ 3 \\ \times\ 2 \\ \hline \end{array}$$

たぶん，どれも⑦〜⑦より小さくなると思う

2 答えが一番大きくなる筆算を予想しましょう

53×2だと思う。かけられる数を大きくすればよいと思う

52×3だと思う。5×2よりも，5×3の方が大きくなるよ

32×5かもしれない。50×3も30×5もどちらも150になるから

　2，3，5の中で一番大きい5を，かけられる数の十の位に置くとよいと考える子が多い。そのため，上の3通りが予想として出されると思われる。自分の予想をはっきり決めさせるようにしたい。

3 計算して確かめてみましょう

53×2＝106

52×3＝156

32×5＝160

　子どもから出された3つの筆算をそれぞれ計算してみる。すると，32×5の答えが一番大きくなることが分かる。

　かける数を大きくすると，答えが大きくなるようである。

1 かけ算

2 時こくと時間

3 わり算

4 たし算とひき算の筆算

5 長さ

6 あまりのあるわり算

7 大きな数

8 かけ算の筆算

9 円と球

本時の評価

・3枚の数字カードを並べてできる2桁×1桁の筆算の中で，答えが最大になる場合を予想できたか。
・3枚のカードでできる2桁×1桁の筆算を全て見つけることができたか。また，正しく答えを求めることができたか。

準備物

・2，3，5の数字カード

〈みんなのよそう〉

　ア　　　5 3
　　　　　　× 　2

　イ　　　5 2
　　　　　　× 　3

ウ　　　3 2
　　　　× 　5

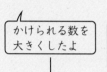
かけられる数を大きくしたよ

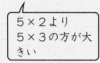
5×2より5×3の方が大きい

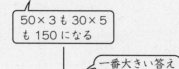
50×3も30×5も150になる

一番大きい答え

53×2=106　　52×3=156　　32×5=160

他にも式がつくれるけど，本当にウが一番大きいのかな

〈たしかめてみよう〉他につくれる筆算は？

これで全部

かける数を決めて，かけられる数の十の位と一の位を入れかえる。

エ　　　3 5
　　　× 　2
　　─────
　　　1 7 0

オ　　　2 5
　　　× 　3
　　─────
　　　1 7 5

カ　　　2 3
　　　× 　5
　　─────
　　　1 1 5

アより大きい

かける数を大きくすると答えが大きくなるね。

4 筆算は他にもつくれるよ。もっと大きい答えになるのがあるかもしれないよ

全部，調べてみよう

他には，どんな筆算がつくれるのかな？

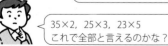

35×2, 25×3, 23×5 これで全部と言えるのかな？

　3枚の数字カードを並べてつくることのできる2桁×1桁の筆算は，全部で6通り。かける数を固定して，かけられる数の十の位と一の位を入れ替えていけば，落ちや重なりなく全ての式を挙げることができる。

5 かける数を大きくすると，答えが大きくなるんだね

全部調べても，32×5の答えが一番大きかったよ

23×5の答えは，53×2の答えよりも大きくなるね

　23×5と53×2を比べてみると，20×5と50×2の積は同じだから，答えの差は3×5と3×2の部分の積の差ということになる。かけられる数を十の位と一の位に分けて考えると，このようなことが見えてくる。

本時案

計算する順序を 考えよう

授業の流れ

1 はじめに，何を求めますか？

はじめに，1箱分の値段を求めるといいよ

はじめに，饅頭が全部で何個あるかを調べればいいよ

　「1箱分の値段」から求める考え方と，「饅頭の個数」から求める考え方の両方が出るとよいのだが，問題の文章に沿って考えると，「1箱分の値段」に偏ってしまうことがある。これを防ぐには，文ではなく絵で場面を表すという方法もある。

○月□日（△）

1こ98円のまんじゅうが
箱に2こ入っています。
この箱を5箱買います。
代金はいくらでしょうか。

・はじめに1箱のねだんを
　もとめればいいよ。
・まんじゅうが全部で何こあるか
　を調べればいいよ。

2 1箱分の値段を先に求めると，どんな式になるのかな

1箱には饅頭が2個入っているので，
98×2＝196（円）

その箱を5箱なので，
196×5＝980（円）

　98×2の答えを求めるときに，98をおよそ100と考えて，100×2＝200。100は98よりも2大きいので，その分を引いて200－4＝196のように計算することもできる。計算の工夫として認めてあげたい。

3 饅頭の個数を先に求めると，どんな式になるのかな

2個ずつ5箱なので，饅頭の個数は2×5＝10（個）

1個98円の饅頭が10個なので，98×10＝980（円）

　かけ算の意味に照らし合わせると，2つ目の式は，10×98ではなく，98×10という式になる。
　図なども使いながら，問題場面に合っていることを確認しておきたい。

1	かけ算
2	時こくと時間
3	わり算
4	たし算とひき算の筆算
5	長さ
6	あまりのあるわり算
7	大きな数
8	かけ算の筆算
9	円と球

代金のもとめ方を考えよう。

◎はじめに1箱のねだんをもとめる。

$(98 \times 2) \times 5 = 980$

196

$98 \times 2 = 196$ まんじゅう1箱分 (98×2)

$196 \times 5 = 980$ 5箱分

1 196円
2
3
4
5
箱

$$196 \times 5 \atop \overline{980}$$
$4\ 3$

答え　980円

$98 + 98 = 196$ たし算でもできる

$196 \times 5 = 980$

$100 + 100 = 200$
$200 - 4 = 196$
という計算もできる

◎はじめにまんじゅうのこ数をもとめる。
（　）の中を先に計算する

$98 \times (2 \times 5) = 980$
10

$2 \times 5 = 10$

$98 \times 10 = 980$

答え　980円

10こ
(2×5)

$(98 \times 2) \times 5 = 98 \times (2 \times 5)$

○×□×△の計算は
○×□から先に計算しても
□×△から先に計算しても
答えはかわらない。
$(○ \times □) \times △ = ○ \times (□ \times △)$

---

4 括弧を使って，それぞれ，1つの式で表してみましょう

1つ目の考え方は，
$(98 \times 2) \times 5 = 980$

2つ目の考え方は，
$98 \times (2 \times 5) = 980$

　括弧は，その中を先に計算する記号であることを押さえておく。
　そして，どちらの順番でも答えは同じ980になることを確認する。

まとめ

2つの式は，計算する順序は違うけれども，同じ場面を表し，答えも同じになるので，等号でつなぐことができます。
$(98 \times 2) \times 5 = 98 \times (2 \times 5)$

　本時の学習をもとに，3つの数を○，□，△の記号に置き換え，次のように一般化しておく。（結合法則）
　$(○ \times □) \times △ = ○ \times (□ \times △)$

9 円と球 （8時間扱い）

・円や球の定義や性質，それぞれの構成要素の関係を理解する。
・コンパスを用いて，決められた大きさの円をかいたり，模様をかいたりすることができる。
・コンパスを用いて，等しい長さを測り取ったり移したりすることができる。

評価規準

知識・技能	○円や球の定義や性質を理解している。 ○円や球の中心や半径，直径について理解している。 ○コンパスを用いて決められた大きさの円をかくことができる。 ○コンパスを用いて等しい長さを測り取ったり移したりすることができる。
思考・判断・表現	○ある1点から決められた距離にある点を見つけることができる。 ○円の半径や直径を求めることができる。 ○円の中心の見つけ方を考えたり説明したりする。 ○長さを比べたりする場面などでコンパスを活用できる。 ○球の直径の求め方を考えたり説明したりする。
主体的に学習に 取り組む態度	○円をつくったり調べたりすることに意欲的に取り組む。 ○身の回りから円や球を見つけたり，円や球の性質が日常生活で活用されていることに関心をもったりする。

指導計画　全8時間

次	時	主な学習活動
第1次　円	1	輪投げ遊びを通して，1点から等距離にある点をたくさん見つける。
	2	円の定義や構成要素を知り，コンパス等を使って作図する。
	3	決められた半径，直径の円をコンパスでかき，絵を完成させる。
	4	コンパスを使って模様づくりをする。
	5	紙を切って円をつくる。
	6	円の性質を活用して，地図上の宝のありかを見つける。
第2次　球	7	どの方向から見ても円に見える立体について調べる。
第3次 円を使った問題	8	決められた条件に合う模様をかくために，円の半径の求め方を考える。

⑴円の定義を理解する

　ある定点から等距離にある点の集まりを円という。この言葉をそのまま伝えても，子どもには何のことか分からない。そこで，具体的な経験を通して，この定義について理解できるようにしたい。

　例えば，広い場所で多くの子が同時に輪投げのような場面を設定する。

　右上の図のように，輪投げをする人が並ぶ線を直線で囲まれた四角形にすると，子どもたちは「それでは，棒からの距離が違うので公平ではない」と言う。

　そこで，子どもから等距離にするためのアイデアを聞いてみる。

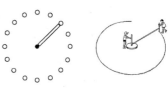

　すると，棒やロープなどを使って，棒から一定の距離になるように印をつけていけばよいという方法が考え出される。この印をたくさんつけていけば，その点はきれいな円の形になっていく。

⑵円をつくる活動，円の中心を見つける活動

　１点から等距離にある点を，簡単にたくさん打っていくための道具として，右のようなものを画鋲と工作用紙や糸でつくってみる。これを使うときれいな円がかける。このときに，画鋲から鉛筆までの距離が半径になることを押さえる。

　また，折り紙を切って円をつくるような活動も取り入れたい。子どもたちは試行錯誤しながら，紙を折ってからハサミで切った方が，折らずに切るよりも，より円に近い形になることに気付いていく。このような活動を通して，円の対称性や曲率が一定であることを感覚として捉えることができる。

　さらに，円の中心を見つける活動によっても，円の性質についての理解を深めることができる。

⑶コンパス

　円をかく道具として，コンパスがあることを知らせる。コンパスは，画鋲と工作用紙や糸を使って円をかいたときと同じ方法を使っている道具であることに気付かせたい。

　コンパスを使って円をかくには，持ち手だけを持ってクルッと一気に回すなど，コツがいるので，模様づくりなどを通して楽しみながら使い方に慣れさせるようにしたい。

　また，コンパスは，円をかくことのほかに，直線を等しい長さに区切る，等しい長さを写し取る，等しい長さであることを確かめるといったときにも使う道具である。このことは，三角形や平行四辺形などを作図するときにも利用される。このようなコンパスの有用性について，操作活動を通して気付かせていくようにすることが大切である。

⑷球

　球については，円の学習と関連づけて取り上げるようにする。

　球はどこから見ても円に見えること，球を平面で切ると切り口はどこも円であること，球の中心を通る平面で切った場合の切り口が最大になることなど，模型やボールなどを観察することによって気付かせるようにする。

1 かけ算

2 時こくと時間

3 わり算

4 たし算とひき算の筆算

5 長さ

6 あまりのあるわり算

7 大きな数

8 かけ算の筆算

9 円と球

本時案

公平な位置を決めよう

本時の目標

・1点から等距離にある点をつなぐと，きれいな丸の形になることに気付く。

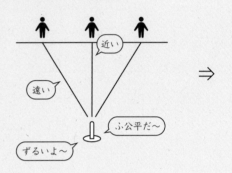

授業の流れ

1 輪投げ遊びをします

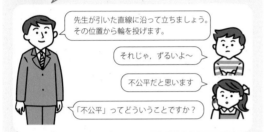

先生が引いた直線に沿って立ちましょう。その位置から輪を投げます。

それじゃ，ずるいよ〜

不公平だと思います

「不公平」ってどういうことですか？

　5〜10人程度を前に呼び，輪を投げてもらうことにする。床にビニルテープで直線を引き，その線上に並んでもらう。すると，「不公平だ」という声が上がるので，どういうことかを尋ねる。「並ぶ線が直線だと，棒からの距離が違う」という声を引き出したい。

〇月□日（△）

わなげをしよう。

近い

遠い

ふ公平だ〜

ずるいよ〜

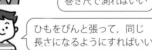

ならぶ線が直線だと
ぼうからのきょりがちがう。
公平ではない。

2 公平な並び方を考えましょう

まわりを取り囲むように，四角い形に並ぶといいんじゃない？

やってみましょう

　「四角い形に並ぶとよい」という意見がある。そこで，棒のまわりに正方形の形に並んでみる。すると，やはり「角の人が遠くなる」「辺のところはさっきと同じ」といった不満の声が上がる。

3 棒からの距離が同じになるように印をつけていけばよい

どうやって，同じ距離にすればいいのかな？

巻き尺で測ればいい

ひもをぴんと張って，同じ長さになるようにすればいい

　棒からの距離が同じになるように印をつけていく方法として，はじめは定規や巻き尺を使うという考えも出されるが，ひもや棒を使えば，もっと簡単に同じ長さを何度もとることができることに気付く。

1 かけ算

2 時こくと時間

3 わり算

4 たし算とひき算の筆算

5 長さ

6 あまりのあるわり算

7 大きな数

8 かけ算の筆算

9 円と球

本時の評価

・輪投げの棒から等距離にある点を見つける方法を考えることができたか。
・輪投げの棒から等距離にある点をたくさん打つと，きれいな丸の形になることを理解できたか。

準備物

・輪投げセット
・ビニルテープ（床に線を引く）
・巻き尺，ひも，2m程度の棒
・印をつけるためのシールなど

公平なならび方を考えよう。

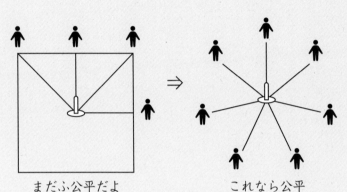

まだふ公平だよ

これなら公平

もっと人数が多くなると

きれいな丸になりそう。
↑
ぼうやひもを使って
線を引くとよい。

---

4 棒からの距離が同じになるように，立つ位置に印をつけてみるよ

印の場所に立ってみましょう

あ，丸い形になっている

もっとたくさん印をつけていけば，きれいな丸ができると思う

　実際に長い棒などを使って，輪投げの的となる棒から同じ長さのところにシールなどで印をつけていく。印の数が多くなっていくと，だんだんと円の形が見えてくることを子どもたちは面白がる。

実際にゲームをしながら

　1 から 4 の展開部分には書いていないが，子どもたちは輪投げ遊びをしたいという気持ちが強いので，実際に投げさせてみることが大事である。
　1 のように直線に並んだ状態でも一度全員に投げさせてみるとよい。そして，4 で等距離の位置に印をつけたら，その位置からも投げさせてみる。実際は，近ければ入るというものではないが，同じ条件であることを体感できるはずである。少し離れて上の方から見ないと円には見えないかもしれないが，円ができる過程を楽しみたい。

本時案

きれいな丸を
かこう

授業の流れ

1 輪投げをするときに並ぶ線を，ノートにかいてみましょう

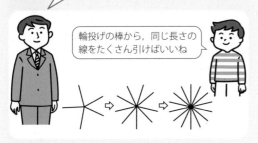

輪投げの棒から，同じ長さの線をたくさん引けばいいね

前時の授業を振り返りながら，床の上で行ったことを，ノートの上でやってみる。

輪投げの的となる棒の位置に点をかき，そこから同じ長さの直線を何本も引いてみるのである。10本も引くと，円の形が見えてくる。

○月□日（△）

わなげあそび

⇓

みんながぼうから
同じきょりになるようにしたい。

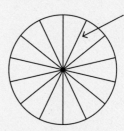

同じきょり
（長いぼうを
1回転させた）

きれいなまるができた

円
えん

2 1つの点から長さが同じになるようにかいた丸い形を，円と言います

線の端をつなぐと，
きれいな丸の形になるね

「円」という名前を教える。

円の定義をただ覚えさせるのではなく，授業で行った活動と結びつけながら，子どもが実感として意味を捉えられるようにしたいものである。

3 1つの点から同じ長さのところに印をつける道具を考えてみました

細長い工作用紙の片側に画鋲を刺して固定し，そこから5cmのところに小さな穴を開けて鉛筆の芯を差し込めば，画鋲から5cmのところにいくらでも印がつけられるね

画鋲が，固定してある輪投げの棒であり，円の中心となる。そこからの距離を一定にするための工作用紙が，輪投げの棒からの距離を測るときに使ったひもや長い棒の代わりであり，それが半径となる。

1 かけ算
2 時こくと時間
3 わり算
4 たし算とひき算の筆算
5 長さ
6 あまりのあるわり算
7 大きな数
8 かけ算の筆算
9 円と球

本時の評価

- ・前時の活動を振り返りながら，ノートに円をかく方法をまとめることができたか。
- ・円をかく道具の使い方を理解できたか。
- ・円の中心，半径，直径という用語を覚えることができたか。

準備物

- ・画鋲，2 cm×15cm 程度の工作用紙（児童数分）
- ・コンパスを数個

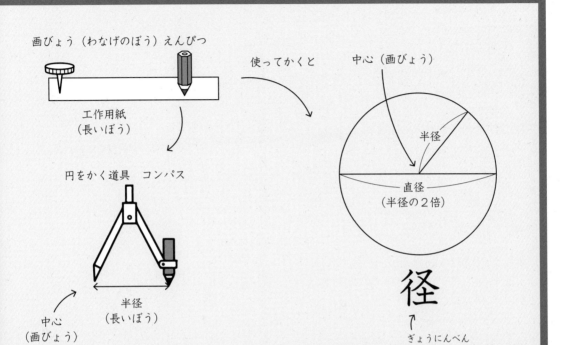

画びょう（わなげのぼう）えんぴつ

工作用紙
（長いぼう）

使ってかくと

円をかく道具　コンパス

半径
（長いぼう）

中心
（画びょう）

中心（画びょう）

半径

直径
（半径の2倍）

径
↑
ぎょうにんべん

---

4 円をかく道具として，コンパスがあります

> コンパスの針が，さっきの画鋲です

> コンパスの針から鉛筆の芯までの長さが，工作用紙の画鋲から鉛筆までの長さです

コンパスのことを知っている子も多い。
コンパスの実物を見せ，工作用紙でつくった円をかく道具や輪投げ遊びと対応させながら，その使い方について理解させるようにする。

5 実際に円をかいてみましょう

> 簡単に，きれいな円がかけたよ

> 画鋲や針を刺したところを，円の中心と言います

「中心」「半径」「直径」という言葉を教える。半径や直径は，図では1本しか引いていないが，実際は無数に引ける。そのことを，**1** や **2** の活動と結びつけることによって理解させるようにしたい。

本時案

どんな絵が
できるかな？

本時の目標

・決められた半径，直径の円を正しくかくことができる。
・コンパスの使い方に慣れる。

授業の流れ　※ワークシート有り（P180–181）

1　プリントを見てください

　点がたくさん打ってあるプリントを配る。点の横にある「半径3」は，「その点を中心に（その点にコンパスの針を刺して），半径3cmの円をかく」ということを意味する。例を示しながら，作業の仕方を確認していく。

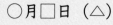
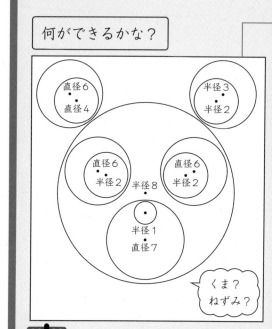

2　「直径4」というのは，どういう意味なのかな？

　「半径」や「直径」の意味を復習する。また，「半径が分かればコンパスを使って円がかける」ことや「直径は半径の2倍」「半径は直径の半分」であることも，子どもから引き出すようにしたい。

3　何ができるかな？

　プリントを実物投影機でスクリーンや大画面テレビに映し出しながら，教師がいくつか円をかいてみせる。「続きをかいてみたい」という気持ちを子どもがもち始めたら，あとは子どもに任せるとよい。

1	かけ算
2	時こくと時間
3	わり算
4	たし算とひき算の筆算
5	長さ
6	あまりのあるわり算
7	大きな数
8	かけ算の筆算
9	円と球

本時の評価

・直径，半径の意味を正しく理解し，直径から半径を求めることができたか。
・作図の意味を理解し，指定通りの円をきれいにかくことができたか。また，その作業を楽しむことができたか。

準備物

・プリント，画用紙
・実物投影機（プロジェクター，スクリーンなど）

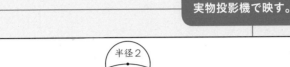

実物投影機で映す。

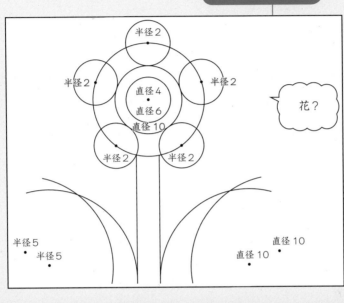

半径2
半径2　半径2
直径4
直径6
直径10
半径2　半径2
花？
半径5
半径5
直径10
直径10

---

4 あ，くまの顔ができた！

面白いね。ぼくには，ねずみの顔に見えるなあ

半径1cmの円をかくのは難しいけど，うまくかけたよ

　作業を続けていくと，だんだんと絵が見えてくる。
　直径と半径を間違えてしまうと，全く違う模様ができ上がるので，子どもたちも注意深く作業を続ける。

5 今度は，自分で問題をつくってみたい

まずは，コンパスを使って，何か絵をかいてみましょう

どんな絵にしようかな

　問題をつくる場合，まずは円を組み合わせた絵を自由にかく。その紙をもう1枚の画用紙に重ね，それぞれの円の中心にコンパスの針を刺す。すると，中心の位置だけ画用紙に残るので，そこに半径の値を書き込む。

本時案

コンパスを使って模様をかこう

本時の目標

・コンパスを使った模様づくりを通して、コンパスの使い方に慣れる。また、円を組み合わせた図形に対する経験を豊かにする。

授業の流れ

1 コンパスを使って、先生と同じようにかいてみましょう

半径2cmの円をかきます

中心を変えずに、半径4cmの円をかきます

次は、半径6cmかなあ

よく分かりましたね

同心円をかく。

「半径2cm」「半径4cm」と続けていくと、「次は6cm？」と、次を予想する子がいる。あるいは、「半径3cmや5cmもかきたい」と、間の値を言う子もいる。そういう声を認めながら、的のような模様づくりを楽しみたい。

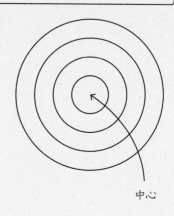

○月□日（△）

コンパスを使ってもようをつくろう。

中心

2 今度は、大きさを自分で決めて、円を1つかきましょう

その円の線の上に、コンパスの針を刺して、もう1つ円をかきます。半径は変えません

1つ目の円と、2つ目の円が交わったところにコンパスの針を刺して、もう1つ円をかきます。半径は同じです

2番目の模様をかく。1つ目の円が大きすぎると、2つ目、3つ目の円がかけなくなるので、かく位置や大きさについてはアドバイスする。4つ目、5つ目と続けて円をかきたいと言う子もいるかもしれない。

3 もう1つ円をかきましょう

今度は、半径を小さくして、はじめにかいた円のどこかに針を刺して、円をかきます

中心を少しずらしながら、同じ大きさの円を続けてかいていきます

3番目の模様をかく。単純な作業だが、模様ができていくと子どもは面白がって円をかき続ける。

大きさを変えて、いろいろ試してみたり色を塗らせたりするとよい。

1 かけ算
2 時こくと時間
3 わり算
4 たし算とひき算の筆算
5 長さ
6 あまりのあるわり算
7 大きな数
8 かけ算の筆算
9 円と球

本時の評価

・指示通りに模様をつくることができたか。
・円を組み合わせた模様づくりを楽しむことができたか。
・コンパスの針を刺す位置や，半径の大きさを考えながら模様をかくことができたか。

準備物

・コンパス
・画用紙

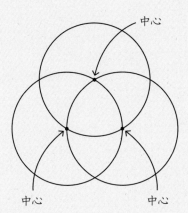

中心
中心　　　　　中心

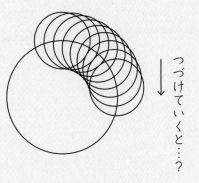

つづけていくと…?

他にもいろいろかいてみよう。

---

4 自由に模様をつくってみましょう

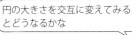
直線を引いて，その上に円を並べてみようかな

円の大きさを交互に変えてみるとどうなるかな

　みんなで同じ模様づくりをした後は，自由に模様づくりをさせてみる。
　これまでに行った模様づくりをアレンジしたり，友達のつくった模様を真似たりしながら，模様づくりを楽しめるとよい。

模様づくりについて

　教科書にもいろいろな模様が載っているので，それらも参考にしながら，模様づくりを楽しめるとよい。
　ここでの展開では，模様をつくる手順を教師が示す形で紹介しているが，模様の完成図を見せて，「どういう順序で円をかけばよいのか」とか「中心をどこにすればよいか」といったことを子どもに考えさせるやり方もある。
　また，方眼ノートなどに，マス目を手がかりにしながら模様づくりをさせても面白い。様々な方法で，円に親しみをもたせたい。

本時案

紙を切って
円をつくろう

5/8

授業の流れ

1 紙を切って，円をつくりましょう

きれいな円に切り取るのは難しいなあ

正方形をつくってから切ると，割ときれいな円ができるよ

折ってから切るといいかも…

　紙を渡して，自由に切らせてみる。なかなかきれいな円にはならない。

　コピー用紙のような長方形の紙の場合，まずは正方形の形にしてから切ってみようとする子もいる。「折るとよいかも？」というアイディアも出てくると予想される。

○月□日（△）

紙を切って円をつくろう。

むずかしい。

正方形をつくってから切ってみた

べつの切り方（とこやさん方式）

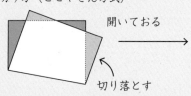
開いておる

切り落とす

2 2回折ってから切ることにします。きれいな円ができるかな？

2回折ったら，切る前に，鉛筆で切る線を引いてみましょう

こんなふうに切ればいいと思う

3回折り　2回折り

　紙を板書の上の図のように2回（あるいは3回）折り，それをどんなふうに切ればよいかを考えさせる。4つ（あるいは8つ）組み合わさったときに円になることをイメージできるとよいが，難しいようである。

3 切ったら開いてみましょう

ちょうちょみたいなのができた

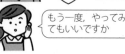
ぼくのは，四角形に近い形になった

もう一度，やってみてもいいですか

　折り目を中心とする円の一部分（弧）になるように切ればよいのだが，四つ葉の形になったり，四角い形になったりする。向きを間違えて，4片や2片に分かれてしまうこともある。何度か試行錯誤させるとよい。

1 かけ算

2 時こくと時間

3 わり算

4 たし算とひき算の筆算

5 長さ

6 あまりのあるわり算

7 大きな数

8 かけ算の筆算

9 円と球

本時の評価

- 紙を切って円をつくる方法を考えることができたか。
- 紙を2回（3回）折った後，どのように切れば円ができるのかを，試行錯誤しながら見つけることができたか。

準備物

- 紙（折り紙，コピー用紙など）
- はさみ

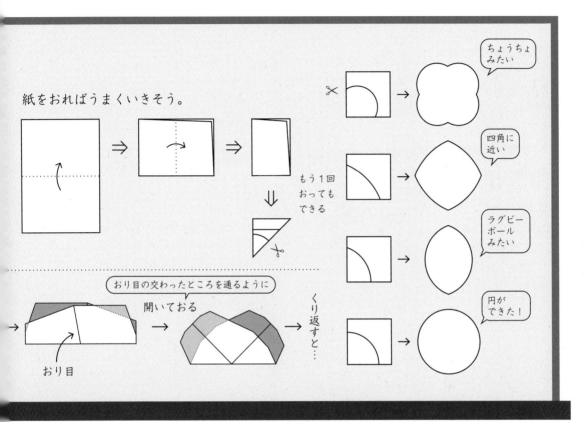

紙をおればうまくいきそう。

もう1回おってもできる

おり目

おり目の交わったところを通るように

開いておる

くり返すと…

ちょうちょみたい

四角に近い

ラグビーボールみたい

円ができた！

4 先生の言うように切ってごらん

紙を適当に斜めに折ります。はみ出た部分をハサミで切り落とします

切ったらまた開いて，別の線で折ります。そして，同じように紙が重なっていない部分を切り落とします

開いておる　切りおとす　おり目　開いておる

　板書の下の図のように紙を斜めに折ったときに，紙が重なっていない部分を切り落とす。3回目は，2本の折り目の交点を通るように折って切る。4回目以降も「折り目の交点を通るように折って切る」を繰り返す。

5 同じことを繰り返してみましょう

だんだんと円に近づいていくよ

どうしてこの方法で円ができるのかなあ

　実際にやってみると分かるが，だんだんと円の形になる。はじめはバランスの悪い形だったものが，少しずつ整っていく様子を見て不思議に思うだろう。折り目の交点から等距離の部分が残っていくのである。

本時案

宝物のある
場所を見つけよう ⑥⁄₈

本時の目標

・点Aから4cm，点Bから3cmという2つ
の条件を満たす点を見つけるときに，コンパ
スが活用できることを理解する。
・円の中心の見つけ方を考える。

授業の流れ　※ワークシート有り（P182-183）

1 これは，宝島の地図です

宝のありかを見つけるための手が
かりを教えましょう

「木から4cmのところ」にあります

「木から4cmのところ」はたくさんあるよ

コンパスを使うといいかも…

　子どもに，「宝島の地図」がかいてあるプリ
ントを配る。宝のありかは，「3つの条件」を
満たす場所である。
　その1つ目は「木から4cm」。物差しを使っ
て4cmの場所に印をつけるが，その点は無数
にあることに気付いていく。

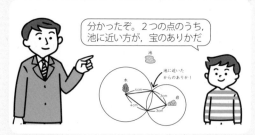

○月□日（△）

たからのある場所はどこだ!?

〈たからのありか〉

① 木から4cmのところです。

たくさんあるよ。
向きがわからないよ。

② 岩から3cmのところです。

2か所あるよ

③ 池の近くだよ。

わかった！

2 手がかりは，まだあります。
「岩から3cmのところ」です

円を2つかいて，
交わった場所だ

「木から4cm」で「岩
から3cm」の場所は，
2か所あるよ

　「木から4cm」の点の集まりは，木（の下の
点）を中心とした半径4cmの円になる。同様
に，「岩から3cm」の円をコンパスでかくと，
2つの円が交わる点は2つあることが分かる。

3 「池の近く」です

分かったぞ。2つの点のうち，
池に近い方が，宝のありかだ

　「3つの条件」を満たす点（宝のありか）が
分かったら，その点を見つけるまでに行ったこ
とを振り返り，整理する。
　コンパスを使えばよいわけについても，確認
しておきたい。

1 かけ算

2 時こくと時間

3 わり算

4 たし算とひき算の筆算

5 長さ

6 あまりのあるわり算

7 大きな数

8 かけ算の筆算

9 円と球

本時の評価

- 「木から4cm」の点は無数にあり，その点の集合が円になることに気付くことができたか。
- 宝のありかを1点に決めることができたか。
- 円の一部分がかけた形の中心を見つけることができたか。

準備物

- プリント2種類（宝の地図，かけたお皿）
- コンパス

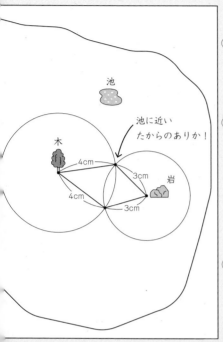

① 木を中心にして半径4cmの円をかく。

↓

② 岩を中心にして半径3cmの円をかく。

↓

円が交わったところが2つある。

↓

③ 池に近いのは？

⇓

たからのありか

たからのありかをほると，かけたおさらが出てきました。

↓

かんせいさせる方ほうを考えよう！

中心はどこ？

一番長くなるように直線を引く→直径

⇓

2本引いて交わったところが中心

円のまわりが重なるように2回おる。

⇓

おり目が交わったところが中心

---

4 宝のありかを掘ると，かけたお皿が出てきました

それが，宝物なの？

かけた部分をコンパスで引いて，もとの円の形に戻してあげよう

円の中心はどこかな？

　円形のお皿を復元するには，その円の中心を見つければよいことに気付かせる。
　子どもたちに，お皿の絵がかいてあるプリントを配り，円の中心の見つけ方を考えさせる。

---

5 2回折ればいいよ

お皿の縁が重なるように，折らなければいけないね

2本の折り目が交わる点が，円の中心だね

　直径の交点が中心となる。
　円周が重なるように折る方法は，お皿のかけらがもっと小さい場合でも使える。
　他にも，弦の垂直二等分線の交点など，円の中心を見つける方法は何通りかある。

本時案

球について調べよう

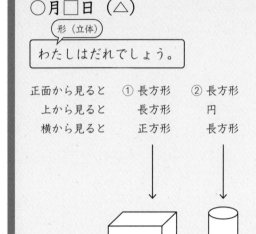

授業の流れ

1 私は誰でしょう？

> わたしは，立体です。どんな形の立体でしょうか？

> 正面から見ると…。上から見ると…。横から見ると…

> あ，分かったぞ

　正面，真上，真横の3方向から見た形をヒントに，立体の形を当てるクイズを行う。

　1問目は「直方体」。直方体という名前は4年生で学習するので，子どもの答え方は「箱の形」などでよい。立体模型を用意して，実物を見せて確認するとよい。

2 3問目は，ボールの形だね

> 3問目は，正面から見ると円，上から見ると円，横から見ても円です

> ボールの形のことを，球と言います

　2問目で，上から見たときだけ円になる立体として「円柱」を扱う。そして，第3問目に「球」を出題し，この立体の名前を教える。いずれも，立体模型などを見せて，確認するようにする。

3 球を切った切り口は，どんな形でしょうか

> 球は，どこを切っても，切り口の形は円です

> 長丸かなあ

> 球にも，中心，半径，直径があります

　実際に球の形を切ってみるとか，教具を用いるなどして，切断面の形が円になることを理解させる。子どもの中には，平面の絵を見て，楕円形だと思う子もいるので注意したい。

1 かけ算

2 時こくと時間

3 わり算

4 たし算とひき算の筆算

5 長さ

6 あまりのあるわり算

7 大きな数

8 かけ算の筆算

9 円と球

本時の評価

・1つの立体を3方向から見た形のヒントを聞いて，立体の形を想像することができたか。
・箱の縦の長さの求め方を考えることができたか。
・球の切断面の形，中心，半径，直径について理解できたか。

準備物

・立体模型（直方体，円柱，球）
・円の切断面や中心，半径，直径を理解させるための教具

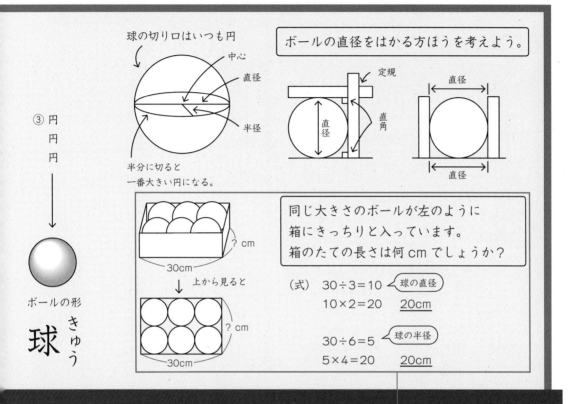

ボールの直径をはかる方ほうを考えよう。

③ 円 円 円 → ボールの形 球 きゅう

球の切リ口はいつも円
中心
直径
半径
半分に切ると一番大きい円になる。

同じ大きさのボールが左のように箱にきっちりと入っています。箱のたての長さは何cmでしょうか？

（式）　30÷3＝10　球の直径
　　　　10×2＝20　　20cm

　　　　30÷6＝5　球の半径
　　　　5×4＝20　　20cm

30cm
? cm
上から見ると
? cm
30cm

---

4 球の直径を測るには，どうすればよいかな？

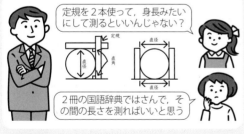

定規を2本使って，身長みたいにして測るといいんじゃない？

2冊の国語辞典ではさんで，その間の長さを測ればいいと思う

　球の直径を教えた後，その長さを測る方法を考えさせる。
　直径は，球の中を通る直線なので，長さを測るのは難しい。子どもからどんなアイディアが出るか，楽しみたい。

---

5 球の問題について考えてみよう

箱の縦の長さは何cmでしょうか

ボール1個の直径は何cmかなあ？

箱の横が30cmだから，ボールの直径は計算で求められるね

　箱の縦にはボールが2個収まっていることから，縦の長さはボールの直径2個分であることが分かる。
　ボール1個の直径（半径）を求める式と，その2個分を求める式がつくれるとよい。

本時案

円をつないだ模様をかこう

本時の目標

・決められた条件に合う模様を，コンパスを使ってかくことができる。
・円の半径を求めるために，わり算を活用することができる。

授業の流れ

1 画用紙に，次のような模様をかきたいと思います

条件は4つ。どんな模様になるか，想像できるかな？

円が2つ，半分ずつ重なるように並んだ模様じゃないのかな？

　八つ切り画用紙（縦27cm×横38cm）の真ん中（上下に二等分するように）に直線を引いたものを提示する。そして，条件の①～④を伝える。
　この条件に合う模様を，フリーハンドで黒板にかいてもらい，イメージを共有する。

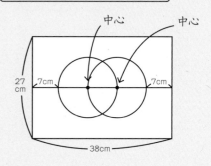

○月□日（△）

画用紙にコンパスを使ってもようをかこう。

中心　中心

27cm　7cm　　　7cm

38cm

① 同じ大きさの円が2つ。
② 中心は、まん中の直線の上。
③ 2つ目の円は1つ目の円の中心を通る。
④ 両はしを7cmずつあける。

2 円の半径を何cmにすればよいでしょうか

両端を7cmずつ離すから，2つの円の端から端までは24cmだね

24cmの中に円を2つかくから，24÷2＝12で直径12cmかな？

7cm　24cm　7cm

　子どもたちに，円の半径を考えさせる前に，2つの円を組み合わせた模様の端から端までの長さを求める。計算すると，38－7－7＝24（cm）となる。この中に，2つの円をかくことを確認し，予想させる。

3 実際にかいてみましょう

半径6cmの円をかくと，2つの円が重ならないで横に並ぶよ

半径を8cmにしてかいたら，条件に合う模様がかけた

　子どもたちからは，半径6cm，8cm以外のいろいろな値が予想として出される。そこで，とりあえず自分が考えた半径で実際にかいてみることにする。かいてみて気付くことがたくさんあるはずだ。

1 かけ算

2 時こくと時間

3 わり算

4 たし算とひき算の筆算

5 長さ

6 あまりのあるわり算

7 大きな数

8 かけ算の筆算

9 円と球

本時の評価

・条件に合う模様をイメージすることができたか。
・円の半径の求め方を理解することができたか。
・「円の半径は？」という問題に対する自分の考えをもつことができたか。また，実際にかいて確かめることができたか。

準備物

・八つ切り画用紙（中央に線が引いてあるとよい）
・コンパス

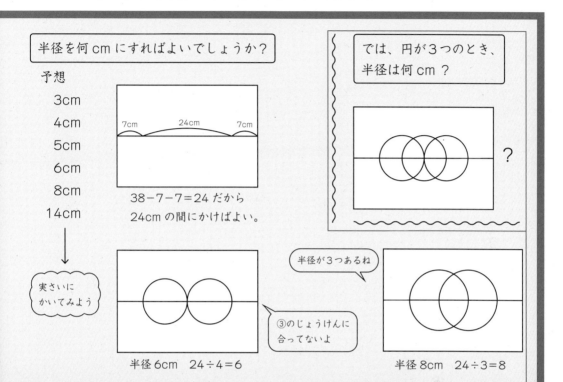

半径を何cmにすればよいでしょうか？

予想

3cm
4cm
5cm
6cm
8cm
14cm

7cm　24cm　7cm

38−7−7＝24だから
24cmの間にかけばよい。

実さいにかいてみよう

半径6cm　24÷4＝6

③のじょうけんに合ってないよ

半径が3つあるね

では、円が3つのとき、半径は何cm？

?

半径8cm　24÷3＝8

---

4 どのような計算をするとよいのかな？

 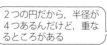

図を見ると，半径が3つあることが分かるので，24÷3＝8（cm）

2つの円だから，半径が4つあるんだけど，重なるところがある

　計算で半径を求める場合，どのような式にすればよかったのかを考える。
　また，半径6cmだと考えた子はどのように考えたのかを，みんなで想像し，なぜそれではうまくいかないのかも話し合ってもよい。

5 円を3つにしたとき，半径は何cmにすればよいでしょうか

24÷3＝8だから，直径8cmになるようにすればよいのかな？

それだと，また円が重ならない模様になってしまうんじゃない？

　時間があれば，「円を3つにした場合」を考えてみるのもよい。最初の問題の誤答である「半径6cm」の2つの円の真ん中に，もう1つ円を重ねた形になることに気付くと，誤答だった子も笑顔になるだろう。

資料1　何ができるかな？①

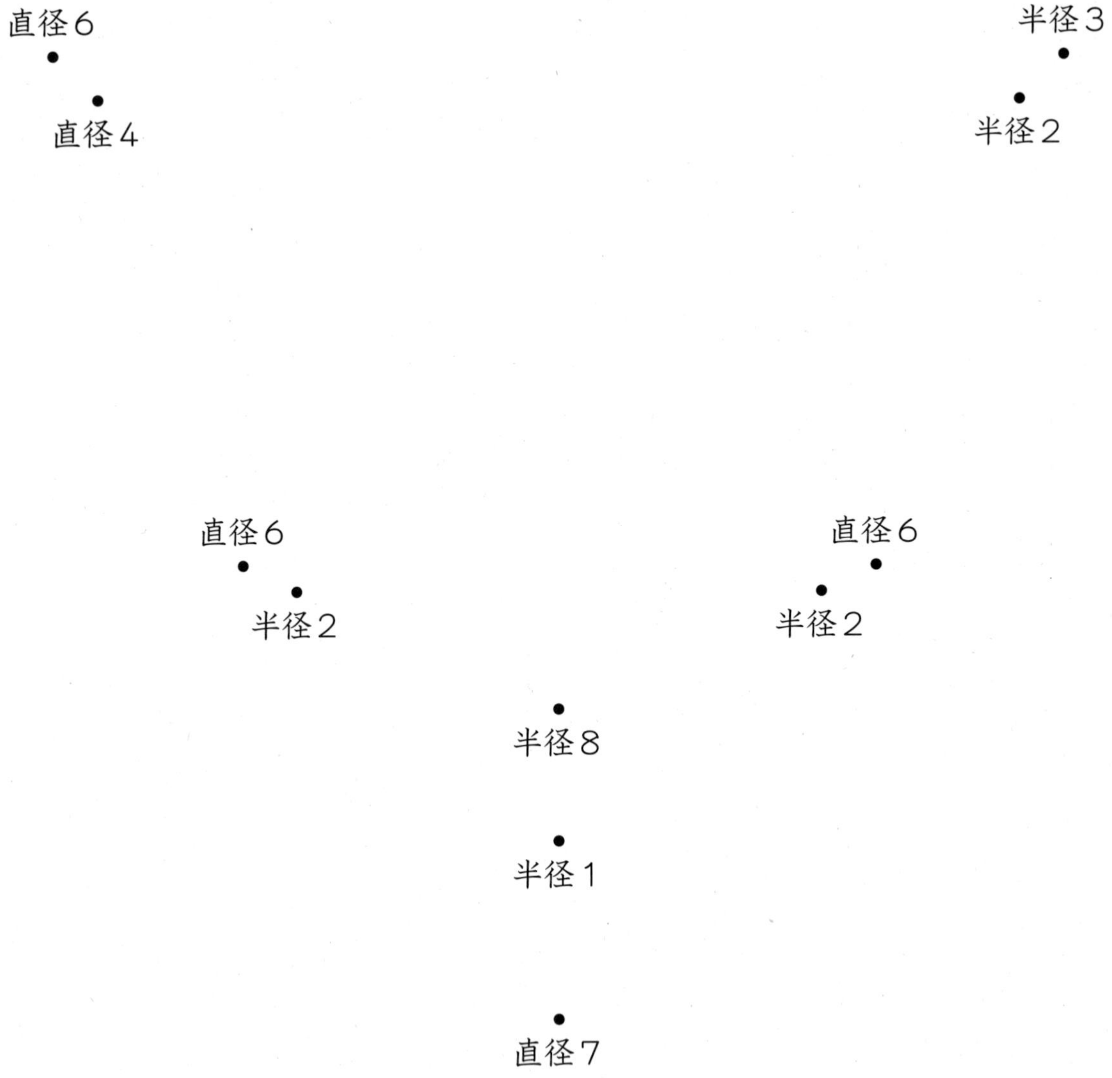
直径6
直径4
半径3
半径2
直径6
半径2
直径6
半径2
半径8
半径1
直径7

資料２　何ができるかな？②

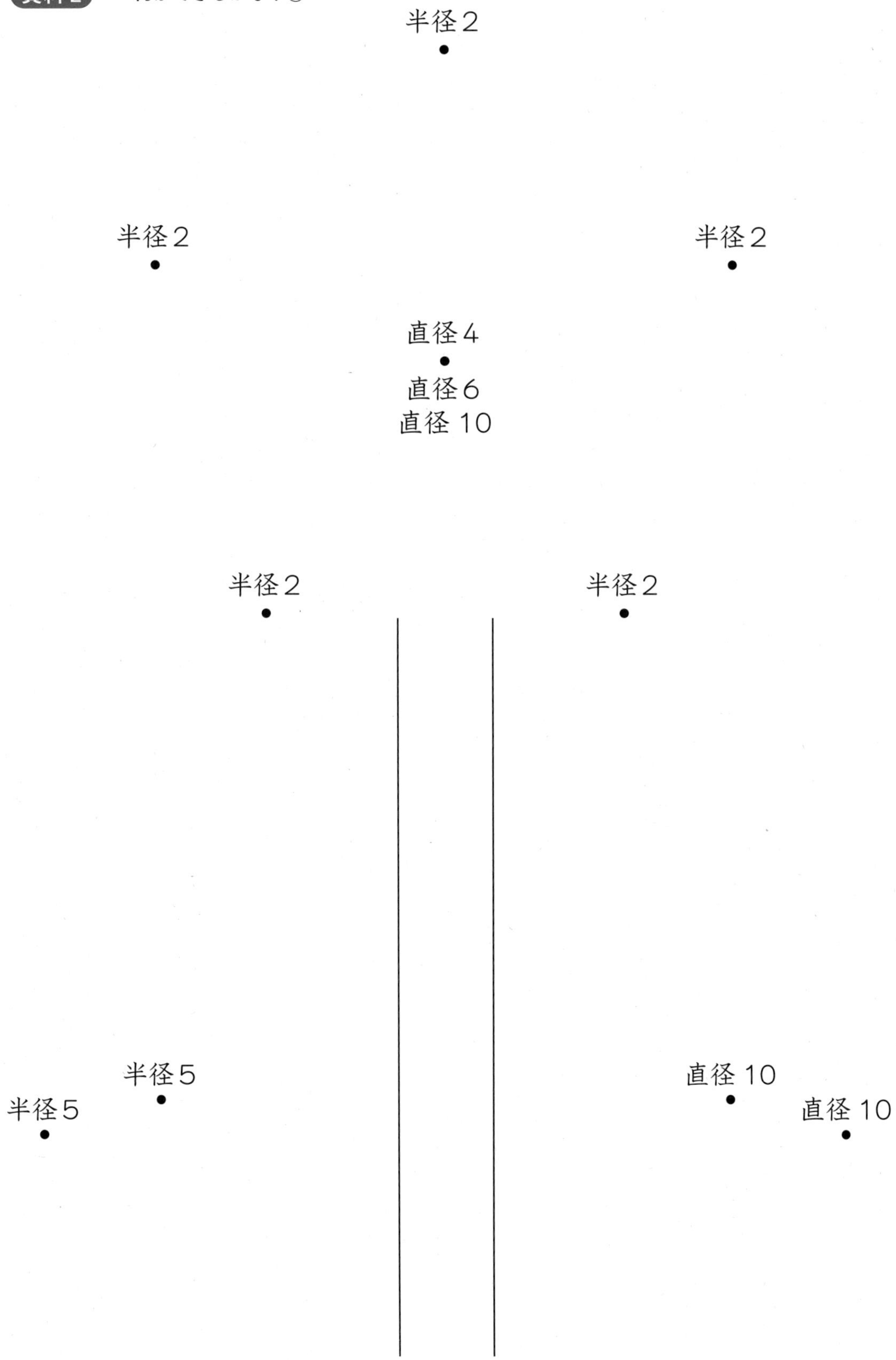
半径２
半径２
半径２
直径４
直径６
直径 10
半径２
半径２
半径５
半径５
直径 10
直径 10

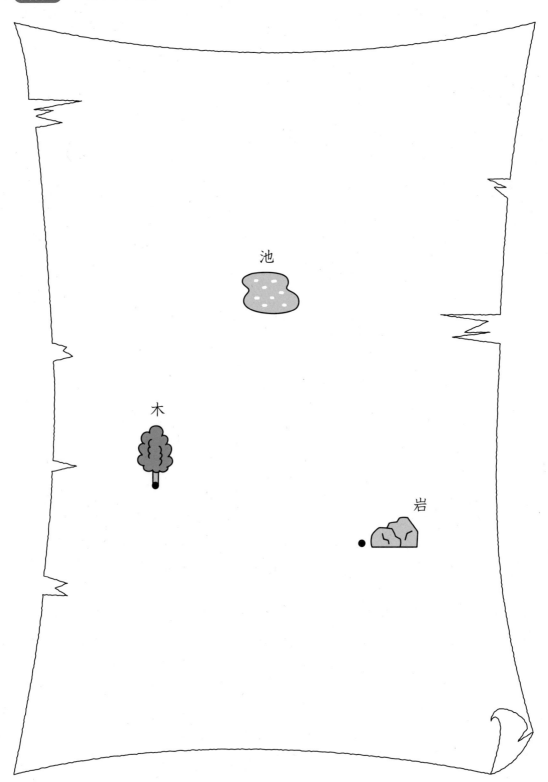

池

木

岩

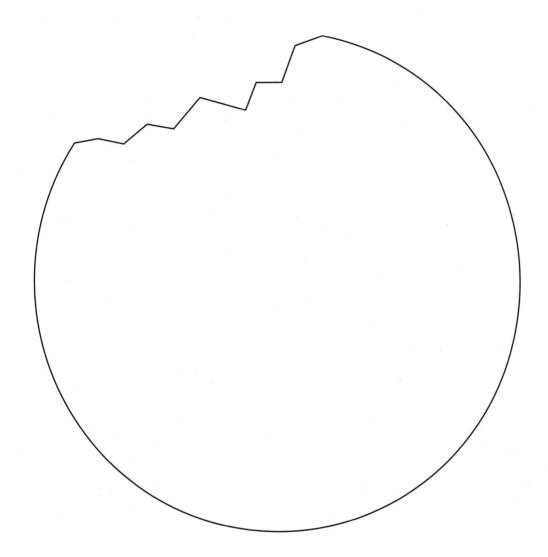

全12巻単元一覧

第1学年 ■ 上

1 なかまづくりとかず
2 なんばんめ
3 たし算(1)
4 ひき算(1)
5 長さくらべ
6 せいり（表とグラフ）
7 10より大きい数
8 とけい
9 3つの数のけいさん
10 かさくらべ・ひろさくらべ

第2学年 ■ 上

1 グラフと表
2 たし算
3 ひき算
4 長さ
5 1000までの数
6 かさくらべ
7 時こくと時間
8 三角形と四角形

第3学年 ■ 上

1 かけ算
2 時こくと時間
3 わり算
4 たし算とひき算の筆算
5 長さ
6 あまりのあるわり算
7 大きな数
8 かけ算の筆算
9 円と球

第1学年 ■ 下

11 たし算(2)
12 かたち
13 ひき算(2)
14 大きな数
15 たし算とひき算
16 かたちづくり

第2学年 ■ 下

9 かけ算(1)
10 かけ算(2)
11 1000より大きい数
12 長い長さ
13 たし算とひき算
14 分数
15 はこの形

第3学年 ■ 下

10 小数
11 重さ
12 分数
13 □を使った式
14 2桁のかけ算
15 二等辺三角形・正三角形・角
16 表とグラフ

第4学年 ■ 上

1 大きな数
2 折れ線グラフ・資料の整理
3 わり算の筆算
4 角
5 2桁でわるわり算
6 倍の見方
7 垂直・平行と四角形
8 概数

第5学年 ■ 上

1 整数と小数
2 体積（直方体・立方体）
3 比例
4 小数のかけ算
5 小数のわり算
6 合同な図形
7 図形の角
8 整数の性質（偶数・奇数，倍数・約数）
9 分数と小数，整数の関係

第6学年 ■ 上

1 対称な図形
2 文字と式
3 分数と整数のかけ算・わり算
4 分数と分数のかけ算
5 分数と分数のわり算
6 比とその利用
7 拡大図・縮図
8 円の面積
9 角柱・円柱の体積

第4学年 ■ 下

9 小数，小数のたし算とひき算
10 式と計算
11 分数のたし算とひき算
12 変わり方
13 面積
14 小数のかけ算・わり算
15 立方体・直方体

第5学年 ■ 下

10 分数のたし算とひき算
11 平均
12 単位量当たりの大きさ，速さ
13 面積
14 割合
15 帯グラフと円グラフ
16 正多角形と円
17 角柱と円柱

第6学年 ■ 下

10 比例と反比例
11 場合の数
12 資料の整理
13 6年のまとめ

監修者・著者紹介

[総合企画監修]
田中　博史（たなか　ひろし）
真の授業人を育てる職人教師塾「授業・人」塾主宰。前筑波大学附属小学校副校長，前全国算数授業研究会会長，筑波大学人間学群教育学類非常勤講師，学校図書教科書「小学校算数」監修委員。主な著書に『子どもが変わる接し方』『子どもが変わる授業』『写真と対話全記録で追う！ 田中博史の算数授業実況中継』（東洋館出版社），『子どもに教えるときにほんとうに大切なこと』（キノブックス），『現場の先生がほんとうに困っていることはここにある！』（文溪堂）等がある。

[著　者]
夏坂　哲志（なつさか　さとし）
筑波大学附属小学校教諭。青森県の公立小学校を経て，現職。筑波大学人間学群教育学類非常勤講師，共愛学園前橋国際大学非常勤講師，全国算数授業研究会常任理事，日本数学教育学会実践研究推進部理事，理数授業研究会算数側代表，学校図書教科書「小学校算数」執筆・編集委員，隔月刊誌『算数授業研究』編集委員。主な著書に，『プレミアム講座ライブ 夏坂哲志の算数授業のつくり方』『夏坂哲志のつながりを意識してつくる算数の授業』『「協働的な学び」をつくる』（東洋館出版社），『板書で輝く算数授業』（文溪堂）等がある。

『板書で見る全単元・全時間の授業のすべて　算数　小学校 3 年上』
付録 DVD ビデオについて

・付録 DVD ビデオは，夏坂哲志先生による「単元 3　わり算　第10時」の授業動画が収録されています。

【使用上の注意点】

・DVD ビデオは映像と音声を高密度に記録したディスクです。DVD ビデオ対応のプレイヤーで再生してください。
・ご視聴の際は周りを明るくし，画面から離れてご覧ください。
・ディスクを持つときは，再生盤面に触れないようにし，傷や汚れ等を付けないようにしてください。
・使用後は，直射日光が当たる場所等，高温・多湿になる場所を避けて保管してください。

【著作権について】

・DVD ビデオに収録されている動画は，著作権法によって守られています。
・著作権法での例外規定を除き，無断で複製することは法律で禁じられています。
・DVD ビデオに収録されている動画は，営利目的であるか否かにかかわらず，第三者への譲渡，貸与，販売，頒布，インターネット上での公開等を禁じます。

【免責事項】

・この DVD の使用によって生じた損害，障害，被害，その他いかなる事態についても弊社は一切の責任を負いかねます。

【お問い合わせについて】

・この DVD に関するお問い合わせは，次のメールアドレスでのみ受け付けます。　tyk@toyokan.co.jp
・この DVD の破損や紛失に関わるサポートは行っておりません。
・DVD プレイヤーやパソコン等の操作方法については，各製造元にお問い合わせください。

板書で見る全単元・全時間の授業のすべて

算数 小学校3年上

〜令和2年度全面実施学習指導要領対応〜

2020（令和2）年4月1日　初版第1刷発行
2021（令和3）年4月26日　初版第2刷発行

監　　修：田中　博史
著　　者：夏坂　哲志
企画・編集：筑波大学附属小学校算数部
発 行 者：錦織　圭之介
発 行 所：株式会社東洋館出版社
　　　　　〒113-0021　東京都文京区本駒込5丁目16番7号
　　　　　営 業 部　電話 03-3823-9206　FAX 03-3823-9208
　　　　　編 集 部　電話 03-3823-9207　FAX 03-3823-9209
　　　　　振　　替　00180-7-96823
　　　　　U　R　L　http://www.toyokan.co.jp

印刷・製本：藤原印刷株式会社

装丁デザイン：小口翔平＋岩永香穂（tobufune）
本文デザイン：藤原印刷株式会社
イラスト：木下淑子（株式会社イオック）
DVD制作：株式会社 企画集団 創

ISBN978-4-491-03991-6　　　　　　　　　　　Printed in Japan